Georg Dum

Entstehung und Entwicklung des spartanischen Ephorats bis zur Beseitigung desselben durch König Kleomenes III

Forschungen und Studien

Georg Dum

Entstehung und Entwicklung des spartanischen Ephorats bis zur Beseitigung desselben durch König Kleomenes III
Forschungen und Studien

ISBN/EAN: 9783742898937

Hergestellt in Europa, USA, Kanada, Australien, Japan

Cover: Foto ©ninafisch / pixelio.de

Manufactured and distributed by brebook publishing software
(www.brebook.com)

Georg Dum

Entstehung und Entwicklung des spartanischen Ephorats bis zur Beseitigung desselben durch König Kleomenes III

ENTSTEHUNG und ENTWICKLUNG

DES

SPARTANISCHEN EPHORATS

BIS ZUR

BESEITIGUNG DESSELBEN DURCH KÖNIG KLEOMENES III.

FORSCHUNGEN UND STUDIEN

VON

GEORG DUM,

K. K. PROFESSOR AN DER LEHRERINNEN-BILDUNGSANSTALT IN INNSBRUCK.

INNSBRUCK.

VERLAG DER WAGNER'SCHEN UNIVERSITÄTS-BUCHHANDLUNG.

1878.

Einleitung.

In den Darstellungen der ältern griechischen Geschichte bis in die Mitte des sechsten Jahrhunderts vor Christus, tritt uns ein wirrer Meinungskampf entgegen. Selbst in Hauptpunkten stimmen die verschiedenen Forscher nicht überein; ja, auch jene Angaben, in denen eine grössere Uebereinstimmung zu Tage trat, wurden angefochten, es wurden überhaupt Stimmen laut, dass wir über die ganze ältere griechische Geschichte nichts zuverlässiges wissen können.

Diese alle Gebiete dieser Zeit umfassenden Meinungsdifferenzen bergen den Beweis in sich, dass wir eine eigentliche Geschichte der ältern Zeit Griechenlands nicht besitzen, sondern nur Meinungen oder Vermuthungen der Forscher, die allerdings oft eine grössere oder geringere Wahrscheinlichkeit beanspruchen können, — mit einem Worte — dass die Darstellungen der ganzen ältern griechischen Geschichte nicht zuverlässig seien.

Der Grund der Unzuverlässigkeit liegt grösstentheils in der Beschaffenheit des Quellenmaterials, das uns zu Gebote steht; theilweise scheint er mir auch in der Behandlung und Benützung dieses Materials von Seite der verschiedenen Forscher zu suchen sein.

Die Quellen, die vor den Perserkriegen entstanden und uns noch erhalten sind, die Gedichte Homers und Hesiods und einige Fragmente, geben uns wohl über Götteranschauungen. Sitten und Gebräuche der alten

1 *

Griechen zuverlässige, wenn auch lückenhafte Nachrichten; jedoch über die Entwicklung der Staaten fehlen gleichzeitige Quellen so gut wie gänzlich. Hierüber sind wir beinahe durchaus auf schriftliche Nachrichten angewiesen, die erst aus der Zeit nach den Perserkriegen stammen und zwar solchen, von denen es auch unwahrscheinlich ist, dass sie ältern gleichzeitigen entnommen sind. Wir sind also nur auf Nachrichten angewiesen, die ein oder mehrere Jahrhunderte hindurch durch den Volksmund fortgepflanzt worden sind, bevor sie schriftlich fixirt wurden.

Jedes Ereigniss, das durch längere Zeit von Mund zu Mund wandert, wird in dieser Zeit vom Volke verändert; vieles wird nach und nach nicht mehr überliefert, anderes wird umgestaltet, daneben werden unhistorische Zusätze gemacht und besonders Details weiter ausgeschmückt. Manche Nachrichten entstehen direkt im Volksmunde und entbehren jeder geschichtlichen Basis. Abgesehen davon, dass einige Ereignisse, je nach dem Inhalte, vom Volke rascher zersetzt, umgestaltet und erweitert werden, als andere — wird im allgemeinen jede Nachricht desto unzuverlässiger, je länger der Zeitraum dauert, bis zur schriftlichen Fixirung.

Diese Behauptungen bedürfen wohl keines weitern Beweises. Wir können ja diesen Hang der Tradition noch jetzt im täglichen Leben und für grössere Zeiträume bei unserer Landbevölkerung, die die Ereignisse nur mündlich fortpflanzt, genau beobachten; ferners haben wir in der Geschichte des Mittelalters wie der Neuzeit über manche Thatsachen, schriftliche Aufzeichnungen aus verschiedenen Jahren, die uns genau die fortschreitenden Veränderungen, die die Tradition an den Ereignissen vornahm, ersichtlich machen. Endlich fehlen solche Beispiele auch in der alten Geschichte durchaus nicht. Dass auch die Griechen diesem allgemein menschlichen Zuge unterworfen waren, wäre selbstverständlich und gewiss, auch wenn das ausdrückliche Zeugniss des kritischen griechischen Geschichtschreibers Thukydides nicht vorliegen würde. Dieser benachrichtigt uns, dass schon nach Verlauf eines halben Jahrhunderts irrige Vorstellungen über sehr wichtige Begebenheiten, selbst an dem Orte, an dem sie sich zugetragen, vorherrschend waren; ferner, dass falsche Begriffe selbst über wirklich noch vorhandene Zustände, die nicht durch die Länge der Zeit verdunkelt werden konnten, allgemein vorhanden waren; endlich, dass selbst Augenzeugen dem Geschichtschreiber die wahrgenommenen Begebenheiten falsch überlieferten, dass die Augenzeugen „in ihren Berichten oft nicht übereinstimmten, sondern, je nachdem sie der einen oder der andern Partei günstig waren oder auch ihr Gedächtniss ihnen zu statten kam, die Sachen verschieden erzählten“.

Wir müssen demnach annehmen, dass die Nachrichten über die ältere griechische Staatengeschichte, in der Form, in der sie uns vorliegen, nicht bloss wirklich geschehenes, sondern auch sehr viel nicht geschehenes, durch das Volk hinzugesetztes oder verändertes enthalten. Demnach kann nur dann die Geschichte dieser Zeit zuverlässig· genannt werden, wenn wir mit den uns zu Gebote stehenden Mitteln im Stande sind, die unhistorischen Zusätze zu erkennen und auszuscheiden. Ich glaube, wir können dies mit voller Sicherheit nicht, wohl aber mit einer grössern oder geringern Wahrscheinlichkeit. Demnach halte ich auch den Standpunkt der Skepsis gegenüber der ältern griechischen Geschichte bis ins 6. Jahrhundert für durchaus berechtigt, insofern wir eben nicht zu vollkommen zuverlässigen, sichern Resultaten gelangen können. Ich glaube aber auch, dass man nicht auf dem Standpunkte der Negation stehen bleiben, auf die griechische Geschichte dieser Zeit gänzlich verzichten soll, sondern, — wo sicheres nicht zu erreichen ist, — wir uns auch mit wahrscheinlichen Resultaten begnügen können.

Eine solche Geschichte mit Wahrscheinlichkeitsre-
sultaten darzustellen, wäre nun die Aufgabe des kritischen
Geschichtsforschers. Diese Aufgabe scheinen mir die vorhandenen Geschichtswerke und Abhandlungen nicht hinreichend zu erfüllen. Die Ursache hievon sehe ich darin,
dass alle Darsteller der ältern griechischen Geschichte
den Quellen zu viel Vertrauen schenken. Es werden
häufig die Nachrichten ganz so behandelt, als ob wir
gleichzeitige vor uns hätten, während doch alle überzeugt sind, dass dies nicht der Fall ist und dass sie
demnach auch als solche nicht behandelt werden dürfen.
Eine Kritik wird oft nur dann angewendet, wenn unmögliches oder ganz unwahrscheinliches berichtet wird oder
wenn mehrere Nachrichten sich widersprechen. Es ist
also dem blossen Zufalle anheimgestellt, ob man eine
Quelle kritisirt oder nicht. Und wenn dann die Kritik
angewendet wird, so prüfen viele Forscher die Nachrichten
nur dem Inhalte nach in soweit, ob dieser so beschaffen
sei, dass er nichts enthalte, was nicht geschehen sein
kann. Unmögliches wird dann wohl ausgeschieden, der
Rest aber, sowie Nachrichten, die überhaupt mögliches
bieten, als wirklich geschehen, als historich betrachtet.
Dieser Standpunkt ist unkritisch; denn, wie schon erwähnt, muss dem Zuge jeder Tradition gemäss, der Inhalt der Nachricht im allgemeinen so beschaffen sein,
dass er manches enthalte, was nicht geschehen ist. Ebenso
beschränkt sich, wenn widersprechende Nachrichten vorhanden sind, die Kritik bei einigen Forschern oft blos
darauf, diese Nachrichten so weit es überhaupt möglich
ist, mit Aufwand alles Scharfsinnes zu vereinen — ein
Verfahren, dem sich dieselben, obwohl es ziemlich allgemein als unkritisch gilt, doch nicht entziehen können.
Ich finde dieses Vertrauen auf solche Quellen nur durch
die Annahme erklärlich, jeder Forscher vermisse, da die
Nachrichten ohnehin sehr spärlich sind, jede einzelne
schwer, und beseitige auch solche von sehr zweifelhaftem

Werthe ungern. Man berücksichtigt jedoch dabei nicht,
dass eine Nachricht dadurch nicht glaubwürdiger werde,
weil keine zuverlässigere vorhanden sei und dass das
Ziel jeder Forschung nur Ergründung des wahren sein
soll und unwahre Nachrichten der Erreichung des End-
zieles der Geschichte nur hinderlich sein können.

Ebenso scheint mir, dass man beim Aufbaue von
Hypothesen zu wenig Vorsicht anwendet. Hypothesen
und Rückschlüsse aus Zuständen der spätern Zeit auf
die frühere, sind oft nöthig und wünschenswerth, um die
Lücken, welche die spärlichen Quellen lassen, auszufüllen.
Damit jedoch eine Hypothese auf Wahrscheinlichkeit Anspruch machen kann, muss jedenfalls die Unterlage, auf
die man dieselbe gründet, feststehend, d. h. es müssen
die Quellen, aus denen man weitere Schlüsse zieht, zuverlässig sein; fehlen diese Vorbedingungen, so soll man
einen Hypothesenbau gar nicht versuchen; denn Schlüsse
aus unzuverlässigen Quellen gezogen, können nicht zu-
verlässiger sein, als die Quellen selbst und zur Erhöhung
der Glaubwürdigkeit letzterer nichts beitragen. Statt
grössere Klarheit zu schaffen, vermehrt man dadurch
meist die Verwirrung und zwar auch besonders dadurch,
dass jeder bemüht ist, die Quellen so auszuwählen und
so auszulegen, wie sie seiner Ansicht, die er sich im
vorhinein gebildet, günstig sind; es entscheiden also darüber, ob und wie man eine Quelle benützen soll, nicht
objektive Gründe, sondern der subjektive Glaube.

Solche Mängel glaube ich in allen mir bekannten
Darstellungen der ältern griechischen Geschichte in
grösserem oder geringerem Grade bemerkt zu haben;
ich glaube jedoch, wie schon bemerkt, dass man bei sehr
grosser Vorsicht in der Benützung der Quellen und noch
grösserer beim Aufbaue von Hypothesen, wenn auch
nicht zu zuverlässigen, so doch zu mehr oder weniger
wahrscheinlichen Resultaten auch in der ältern griechischen
Geschichte gelangen kann. Der Schwerpunkt der Abhand-

lungen muss hiezu in die kritische Behandlung der Quellen gelegt werden; es muss jede einzelne von dem unhistorischen, das durch die Tradition entstand, so weit es möglich ist, befreit werden, bevor sie benützt wird, Freilich stehen zur Sichtung der Nachrichten wenig Mittel zu Gebote. Eine Kontrolle durch einigermassen zuverlässige Quellen ist selten möglich. Es bleibt demnach einzig die Kontrolle durch die allgemeinen Gesetze, denen jede Tradition unterliegt, übrig.

Solche Gesetze sind bekanntlich vorhanden und bekannt; wir sind eben noch in der Lage, den allgemeinen Gang jeder Ueberlieferung zu verfolgen und dadurch auch befähigt, den Prozess der Veränderungen derselben zu beobachten; es zeigt sich bei jeder, dass die Begebenheiten auch durch den Volksmund nicht ganz willkührlich verändert werden, dass gewissen, wenn auch ganz allgemeinen, natürlichen Gesetzen auch die Veränderungen unterworfen sind.

Ich glaube demnach, dass man zu wahrscheinlichen Resultaten dadurch kommen kann, dass man die von den Quellen berichteten Thatsachen zuerst nur als den Zustand der mündlichen Ueberlieferung dieser Thatsachen zur Zeit der ersten Aufschreibung derselben, soweit sich dieselbe noch ermitteln lässt, betrachtet; hierauf untersucht, ob der überlieferten Thatsache auch eine wirkliche zu Grunde liegen muss oder kann, indem man jede einzelne schriftlich fixirte Quelle mit besonderer Beachtung der Art des Inhaltes und der dem Umbildungsprozesse gegönnten Zeit, nach den allgemeinen Gesetzen, denen die Veränderungen in jeder Tradition folgen, kritisirt. Man wird aus der Tradition dann oft vieles ausscheiden müssen, was man unbedingt oder doch wahrscheinlich als erst im Volksmunde entstanden, betrachten muss. Es bleibt aber gewöhnlich auch noch ein gewisser Kern übrig, von dem man oft mit ziemlicher Sicherheit behaupten kann, dass er kaum in der Ueberlieferung vor-

handen wäre, wenn er nicht in einer wirklichen Thatsache seine reale Basis hätte.

Es ist wohl auch bei dieser Quellenbeurtheilung der
Subjektivität des einzelnen noch ein weiter Spielraum
gelassen; jedoch damit wenigstens eine objektive Richtschnur gewonnen, die die Abhandlungen durchziehen
muss und die Hauptfehler der bisherigen Darstellungen
— die allzu einseitige Beurtheilung und das allzu grosse
Vertrauen auf die Richtigkeit der Quellen — beseitigt.

Ich werde nun die angedeuteten Gesichtspunkte zur
Richtschnur nehmend, einen kleinen, aber sehr verwor-
renen Theil der griechischen Geschichte — den Ent-
wicklungsgang des spartanischen Ephorats — darzustellen
versuchen. Ich bin vollkommen überzeugt, dass die Resultate, zu denen ich gelange, nicht als sicher betrachtet
werden können und halte sie selbst für oft mehr, oft
weniger wahrscheinlich. Wenn ich dieselben dennoch in
der Abhandlung oft bestimmter hinstelle, so bewegen
mich hiezu nur formale Rücksichten, nämlich die Ver-
meidung einer Anhäufung von „wahrscheinlich" oder
„vielleicht".

Vorher aber gehe ich daran, einzelne Behauptungen
von Forschern auf dem Gebiete des Ephorats, die ich als
unhaltbar betrachte, weil sie sich auf unverlässliche
Quellen stützen, zu widerlegen und wo möglich zu beseitigen. Um aber diesen Theil nicht zu sehr auszu-
dehnen, werde ich mich nur auf solche Ansichten beschränken, die eines grossen Beifalls sich erfreuen und
theilweise schon in Compendien und Commentaren für
Mittelschulen Eingang gefunden haben. Ich werde demnach solche Abhandlungen, die die Quellen eigentlich
nicht kritisiren, sondern mehr combiniren, gar nicht be-
rühren. Ebenso die drei neuesten Spezialabhandlungen
über das Ephorat von A. Schäfer, H. Stein und C. Frick
unberücksichtigt lassen, da deren Hypothesen wohl kaum
je in weitern Kreisen Anklang finden werden. Endlich

werde ich auch jene Ansichten übergehen, die sich hauptsächlich auf irgend eine von den Quellen über den Ursprung des Ephorats stützen, da die Richtigkeit dieser
Behauptungen grösstentheils von der Glaubwürdigkeit
der benützten Quelle abhängt und meine Anschauung
über diese ohnehin bei Besprechung der Quellen, die
über den Ursprung des Ephorats handeln, hervortreten
muss.

I. Ueber einige Behauptungen, die das Ephorat betreffen.

1. Ueber die Marktaufsicht der Ephoren und die Entwicklung der Ephorenmacht aus der Civilgerichtsbarkeit.

. Von einigen Forschern [1]) wird als das ursprüngliche Amt der Ephoren „die Aufsicht über den Markt" bezeichnet. Diese Ansicht stützt sich nicht auf die Ueberlieferung. Keine Quelle berichtet darüber, ja wir können bestimmt annehmen, dass die Griechen in der Zeit nach den Perserkriegen nichts von einer früheren Marktaufsicht der Ephoren wussten, weil sie sich oft mit der Erklärung der abnormen Erscheinung des Ephorats beschäftigten, jedoch nie zur Annahme, dass die Marktaufsicht das ursprüngliche Amt der Ephoren gewesen, gelangten. Selbst der König Kleomenes III. betrachtet in seiner Entschuldigungsrede an das Volk nach der gewaltsamen Beseitigung der Ephoren als deren ursprüngliches Amt die Stellvertretung der Könige, was er gewiss nicht gethan hätte, wenn er von der Marktaufsicht etwas gewusst hätte; denn seine Rede hatte nur den Zweck, die blutige That durch die widerrechtliche Anmassung und Herrschsucht der Ephoren zu entschuldigen. Diese Absicht hätte er jedenfalls leichter erreicht, wenn er gezeigt hätte, dass sie sich aus untergeordneten Marktaufsehern, statt

---

1) O. Müller „Dorier". 2. A. v. Schneidewin. Duncker „Geschichte des Alterthums". III. B. Gilbert „Studien zur altspartanischen Geschichte". Arn. Schäfer „de ephoris Lacedaemoniis" u a.

aus Stellvertretern der Könige zu deren Tyrannen allmählig emporgeschwungen haben.

Auch die Zustände der historischen Zeit treten jener
Ansicht entgegen. Die Ephoren sind in dieser Zeit nicht
als Marktaufseher nachweisbar; hingegen sehen wir in
Inschriften aus der römischen Zeit andere Beamte, die
Empeloren, mit diesem Amte betraut.

Da somit die Annahme einer Marktaufsicht weder
in den Quellen, noch in Rückschlüssen aus Zuständen der
historischen Zeit begründet sein kann, so ist zu untersuchen, ob die Beweise, die die neueren Forscher hiefür
anführen, stichhältig seien.

O. Müller [1]) folgert die Aufsicht über den Markt-
verkehr aus dem Richteramte der Ephoren. „Die Ephoren
sprachen Recht über Obligationen und das Mein und
Dein. Es war aber Grundsatz der spartanischen Verfassung, dass die Jurisdiction unter die verschiedenen
Magistrate so vertheilt war, dass die Zweige der Verwaltung und Gerichtsbarkeit zusammenfielen; daher muss
als ursprüngliches Amt der Ephoren jenem Richteramte
zu Grunde liegend, Aufsicht über den Verkehr, über den
Markt gesetzt werden."

Es handelt sich also hier darum, ob die Voraus-
setzungen Müllers richtig seien und wenn dies der Fall
ist, ob die daraus gezogene Schlussfolgerung richtig sei.

Hinlänglich ist durch Aristoteles [2]) verbürgt, dass
die Ephoren die Civilgerichtsbarkeit besassen. Auch für
die zweite Voraussetzung, die Vertheilung der Jurisdiction unter die verschiedenen Magistrate, dient ihm
Aristoteles [2]) zum Gewährsmann. Doch ist die Auslegung

1) Dorier. III. B. 109 fg. — 2) Arist. Pol. (A. v. Bekker).
Γ. 1. ἀλλὰ συγκλήτους καὶ τὰς δίκας δικάζουσι κατὰ μέρος, οἷον ἐν Λακεδαίμονι τὰς τῶν συμβολαίων δικάζει τῶν ἐφόρων ἄλλος ἄλλας, οἱ δὲ
γέροντες τὰς φονικάς, ἑτέρα δ᾽ ἴσως ἀρχή τίς ἑτέρας. Pol. B. 11. Καὶ τὸ
τὰς δίκας ὑπὸ τῶν ἀργείων δικάζεσθαι πάσας, καὶ μὴ ἄλλας ὑπ᾽ ἄλλων
καθάπερ ἐν Λακεδαίμονι

der betreffenden, vorhin angegebenen Stelle, wie sie Müller
versucht, unzutreffend. Denn eine Vertheilung der Gerichtsbarkeit unter die verschiedenen Magistrate in der
Weise, „dass die Zweige der Verwaltung und Gerichtsbarkeit zusammenfielen" und man daher auch berechtigt
wäre, von ersterer auf die letztere zu schliessen, ist nicht
wohl möglich, da ja doch innerhalb eines jeden Zweiges
der Verwaltung alle möglichen Fälle der Gerichtsbarkeit
vorkommen können und werden. Wenn wirklich eine
solche Vertheilung möglich und Grundsatz in der spartanischen Verfassung gewesen wäre, so müsste man auf
dieselbe Art, nach der Müller das ursprüngliche Amt der
Ephoren findet, auch die ursprünglichen Befugnisse der
Geronten ergründen können. Es ist durch Aristoteles
verbürgt, dass die Geronten die Jurisdiction über Criminal-
verbrechen besassen; welcher Zweig der Verwaltung entspricht denn dieser Jurisdiction?

Wenn man diese Voraussetzung Müllers als unrichtig
oder gar unmöglich bezeichnen muss, so müssen natürlich auch alle weitern daraus gezogenen Folgerungen
unrichtig sein. Diese Folgerungen — „der Gerichtsbarkeit über mein und dein entspreche die Aufsicht über
den Verkehr, den Markt und deshalb müssen die Ephoren
Marktaufseher gewesen sein" — wären jedoch auch dann
noch anfechtbar, wenn die Voraussetzung richtig wäre.

In unserer Zeit und unter unseren Verhältnissen
entstehen selten Streitigkeiten beim Kauf und Verkauf
der Waaren. Es mögen vielleicht in jenen Zeiten, in
denen Kauf und Verkauf auf Tausch beruhten, diese
Streitigkeiten häufiger gewesen sein, aber kaum waren
sie so zahlreich, dass man aus der grossen Zahl der Fälle
solche Schlüsse wie Müller ziehen kann. Streitigkeiten
über mein und dein entstehen, wenn zwei Personen vor-
geben, ein Recht auf ein und dieselbe Sache zu besitzen.
Dies wird in den seltensten Fällen die zum Verkaufe gebotenen Waaren betroffen haben. War die Waare ver-

kauft, so galt sie als Eigenthum des Käufers. Ein Streit wird wohl nur dann begonnen haben, wenn sich jemand durch den Tausch für überlistet oder betrogen hielt. Kontrakte mögen auch zur Zeit des Tauschhandels häufiger am Markte abgeschlossen worden sein, als jetzt. Jedoch die Streitigkeiten aus Kontrakten entwickeln sich erst nach und nach, wenn ein Theil seiner Verpflichtung nicht nachkommt; sie sind also ohnehin, auch wenn der Kontrakt am Markte abgeschlossen wurde, demselben entrückt.

Andere Argumente, die die Marktaufsicht stützen sollten, sind ohne Bedeutung und schon genügend widerlegt. So Folgerungen aus dem Namen „Ephoren" und der Namensähnlichkeit zwischen ἀγορία (Markt) und ἔφορος (Aufseher).

In den neueren Abhandlungen legt noch Gilbert [1] ein besonderes Gewicht darauf, dass die Ephoren ihr Amthaus am Markte hatten.

Diese Art zu beweisen könnte vielleicht einen Schein von Berechtigung haben, wenn wir nachweisen könnten, dass die Ephoren in jener alten Zeit, in der sie Marktaufseher gewesen sein sollten, ein Amtslokal hatten und dieses am Markte stand. Wir wissen jedoch nur, dass im 2. Jahrhundert nach Chr., als Pausanias Griechenland bereiste, zwei Ephoreion, ein altes [2] und ein neues [3]), und dass im 3. Jahrhundert vor Chr. zur Zeit des Königs Agis III. ein Ephoreion [4]), wohl das alte des Pausanias, am Marktplatze standen. Dieses alte Ephoreion, auf das sich ja der ganze Beweis stützt, war wohl kaum zur Zeit des Pausanias schon 1000 Jahre alt; der Zweifel ist schon deshalb erlaubt, da ja im 5. Jahrhundert das grosse Erdbeben Sparta zerstörte. Gilbert geht auch nicht consequent vor. Nach dem Zeugnisse desselben Pausanias [3])

---

1) Studien zur altspartanischen Geschichte S. 180. — 2) Pausanias III. 11. 14.   3) ibid. III. 11. 5. — 4) Plut. Agis c. 12.

hatten auch die Bidiaeer, die Nomophylakten und Geronten ihre Versammlungshäuser am Markte und doch macht er diese Beamten, obwohl derselbe Grund, wie bei den Ephoren dazu zwingen würde, nicht zu Marktaufsehern. Aus alle dem resultirt, dass die Ansicht über die Marktaufsicht nur eine unhaltbare Hypothese sei; denn jeder einzelne Beweis hat nicht die geringste Beweiskraft in sich, daher ist auch die Summe aller gleich Null. Es ist überhaupt schwer denkbar, wie in einer so frühen Epoche, in der das Beamtenwesen der Natur der Verhältnisse nach noch sehr wenig entwickelt sein konnte, eigene Beamte als Marktaufseher funktionirten; solche sind auch erst zur Zeit der Römerherrschaft nachweisbar.

Ebenso halte ich die Ansicht für unhaltbar, die die Macht der Ephoren ganz aus der Civilgerichtsbarkeit entwickelt. Diese wurde gleichfalls von O. Müller begründet und am reinsten durchgeführt, hierauf aber auch von vielen Forschern angenommen; letztere aber lassen die Entwicklung manchmal nicht so ruhig verlaufen, sondern operiren auch mit Revolutionen.

O. Müller schliesst, wie erwähnt, aus der Gerichtsbarkeit der Ephoren in historischer Zeit, auf eine Gerichtsbarkeit am Markte und eine Marktaufsicht in der alten Zeit. Aus dieser erschlossenen Gerichtsbarkeit am Markte lässt Müller die Ephorenmacht allmählig entstehen. Aus der beschränkten Gerichtsbarkeit am Markte entwickelt sich eine allgemeine, daraus ein Strafrecht, aus diesem ein Aufsichtsrecht über Volk und Stadt und die Prüfung der Beamten, dann eine Leitung des Volkes und endlich eine Aufsicht über die Könige.

Eine solche Entwicklung ist unnatürlich, wenn auch in der Theorie wohl denkbar. Thatsächlich haben auch in keinem Staate die Civilrichter — geschweige die ganze Stufenleiter — kaum eine Stufe erklommen. Der Grund liegt wohl darin, dass ihnen zu viele Hindernisse entgegenstehen, dass sie das Herkommen oder anerkannte

Rechte anderer verletzen müssten, dass nicht nur die davon Betroffenen, sondern auch das Rechtsbewusstsein des Volkes sich dagegen sträuben würde. Gerade bei den Spartanern, bei denen wir durchaus eine treue Conservirung der alten Sitten und Einrichtungen, ein unbedingtes Beugen vor dem Gesetze, eine tiefe Verehrung des Königthums finden, scheint mir eine solche Entwicklung ganz unwahrscheinlich zu sein.

2. Ueber König Polydor und seinen Mörder Polemarch.

In neueren Abhandlungen wird nach dem Vorgange A. Schäfer [1]) die Ermordung des Königs Polydor von allen jenen Forschern, die zur Erklärung der Entwicklung des Ephorats einer Revolution bedürfen, zu einem wichtigen, innere Wirren beweisenden Ereignisse gemacht.

Schäfer bemerkt, „dass zur Zeit des ersten messenischen Krieges unter den Königen Polydor und Theopomp manche Anzeichen von innern Wirren vorhanden sind. So wurde der beliebte und später sehr geehrte König Polydor ermordet und doch dem Mörder Polemarch, einem edlen Spartaner, das Andenken eines Grabes nicht verweigert“. Schömann [2]), Curtius [3]), Trieber [4]), Stein [5]) und Frick [6]), welche diesen Beweis zum Aufbaue ihrer Hypothesen benützten, waren noch unvorsichtiger in der Anwendung desselben. Da voraussichtlich durch das Geschichtswerk von Curtius diese Hypothese Schäfers die grösste Verbreitung finden wird, so bespreche ich dieselbe in der Fassung, die ihr von Curtius gegeben wurde.

Nach Curtius war zwischen dem Königthum und der Bürgerschaft unter den Königen Polydor und Theopomp eine Spannung eingetreten. Im Verfassungsstreite

---

1) de ephoris Lacedaemoniis — 2) griechische Alterthümer. — 3) griechische Geschichte — 4) Forschungen zur spartanischen Verfassungsgeschichte. — 5) das spartanische Ephorat bis Cheilon. — 6) de ephoris Spartanis.

siegte das Königthum, indem es eine Rhetra durchsetzte,
die den Königen mit den Geronten das Recht gab, auch
Beschlüsse des Volkes abzuändern. Doch der Parteikampf
dauert noch fort. „Polydoros, das Spiegelbild eines Herakliden, der Liebling des Volkes, wurde ermordet und doch
wurde der Mörder Polemarchos, ein edler Spartaner, nicht
als Verbrecher angesehen, sondern eines Denkmals in
Sparta würdig erachtet: ein Widerspruch, der sich nur
dadurch erklärt, dass der Mörder als ein Tyrannenmörder,
als ein Vertreter der Rechte der Gemeinde und ein Retter
ihrer Freiheiten angesehen werden konnte". Theopomp
rettete sich und das Königthum nur dadurch, dass er die
Macht der Ephoren vergrösserte.

Die Beweiskraft der Ansicht Curtius hängt davon
ab, ob man beweisen kann, dass Polydor ein Liebling
des Volkes war; dann dass Polemarch ein Denkmal erhielt und demnach als Tyrannenmörder betrachtet werden muss.

Die Quelle hiefür bildet Pausanias, der in seiner
Reisebeschreibung über Griechenland berichtet: „neben
dem Grabe des Orestes (in Sparta) ist das Bild des
Polydoros, des Sohnes des Alkamenes, welchem unter
den Königen sie (die Lakedaemonier) eine so grosse
Ehre zollen, dass die obrigkeitlichen Personen (οἱ τὰς
ἀρχὰς ἔχοντες) mit seinem Bilde, was nöthig ist, versie-
geln [1]". Ferner: „Polydor stand in Sparta in grossem Ansehen und vermochte nach der Meinung der Lakedaemonier
am meisten bei dem Volke; denn er beleidigte niemanden weder durch Gewaltthätigkeit noch durch übermüthige
Worte; in den Gerichten handhabte er die Gerechtigkeit
nicht ohne Menschenfreundlichkeit; aber da Polydor schon
in ganz Griechenland einen berühmten Namen hatte, er-
mordete Polemarch, ein Mann aus einem nicht unbe-
rühmten Hause in Lakedaemon, aber von verwegenem

---

1) III. 11. 10.

Muthe, wie sich zeigte, den Polydor. Dem Ermordeten
erweisen die Lakedaemonier viele und grosse Ehre. Es
ist aber auch ein Grab (μνῆμα) des Polemarch in Sparta,
entweder weil er vorher als ein rechtschaffener Mann
galt, oder weil ihn seine Verwandten heimlich begraben
haben[1].

Zur richtigen Beurtheilung des Werthes dieser Angaben erinnere ich, dass Pausanias im 2. Jahrhundert
n. Ch. Griechenland bereiste, also jedenfalls 800 Jahre
nach Polydor sein Werk schrieb und dass er schriftliche
Aufzeichnungen aus der Zeit Polydors nicht benützen
konnte. Es ist somit von der erstern Angabe des Pausanias nur als sicher anzunehmen, dass das Staatssiegel
zur Zeit des Pausanias das Bild des Polydor trug. Hier
beruht der Beweis für die Beliebtheit des Polydor jedoch
in dem Motive, dass das Staatssiegel desshalb mit dem
Bilde Polydors geschmückt wurde, weil ihn die Spartaner
damit dauernd ehren wollten. Es ist wohl unmöglich,
dass Motive von Thathandlungen durch mündliche Ueberlieferung nur einige Zeit, ohne eine Veränderung zu
erleiden, weiter verbreitet werden können. Der kritische
Geschichtsforscher wird wohl selten fehl gehen, wenn er
die Motive blos als persönliche Ansicht des Schriftstellers,
in diesem Falle also als einen Erklärungsversuch des
Pausanias betrachtet, wie es kam, dass das Staatssiegel
das Bild Polydors trug und nicht das eines andern Königs.

Ebenso haltlos ist die Charakterschilderung, die
Pausanias über Polydor gibt. Sie ist wohl nur das
Geistesprodukt des Pausanias oder irgend eines andern
Schriftstellers, den jener benützte und kann gar nicht
auf einer unverfälschten Tradition beruhen. Selbst wenn
der hier wohl unmögliche Fall möglich wäre, dass Pausanias einen mit Polydor gleichzeitigen Schriftsteller benützte, wäre die Schilderung, zu dem Zwecke, zu dem sie

---

1) III. 3. 2 und 3.

gebraucht wird, doch mit der grössten Vorsicht zu verwenden, da man ja die Zeit Polydors als eine stürmische,
von Parteileidenschaften durchtobte hinstellt, in der eben
dessen Anhänger geneigt waren, ihn zu vergöttern, dessen
Gegner ihn in den Koth zu ziehen. Endlich könnte man
fragen, bei welcher von den zwei streitenden Parteien
Polydor so beliebt war? Man möchte wohl glauben, bei
seinen Anhängern, bei der königlichen Partei; jedoch
Curtius scheint anzunehmen, bei seinen politischen Geg-
nern, bei denen, die gegen ihn revoltirten, die ihn als
einen Tyrannen betrachteten; denn das Volk trat ja zur
Wahrung seiner Rechte gegen seinen Liebling auf, trug
schliesslich den Sieg davon und ehrte den so beliebten
Tyrannen nach seinem Tode. Dieser Widerspruch löst
sich auch durch die Annahme Stein's „Polydor habe sich
wahrscheinlich an die Spitze des niedern Adels gestellt,
vielleicht um die Tyrannis zu erlangen", nicht. Es sind
dies eben nur haltlose Aufstellungen, die nur zur genüge
beweisen, dass man zu Resultaten gelangen muss, die
kaum im Bereiche der Möglichkeit, keineswegs aber der
Wahrscheinlichkeit liegen, wenn man die Geschichte einer
Zeit, in der wir selbst über die wichtigsten politischen
Ereignisse im unklaren sind — weil sich selbst bei diesen,
die doch durch die mündliche Ueberlieferung weniger
rasch und minder vollständig umgestaltet werden, der
zersetzende Einfluss der zwischen der geschehenen Thatsache und der ersten Aufschreibung derselben liegenden
Zeit fühlbar zeigt — aufhellen will durch Schlüsse, die
man aus Charakterbeschreibungen oder Motiven zieht, die
ihrer Natur nach meist nur das Ergebniss des Gefühls
und der subjektiven Anschauungen sind und daher bei
verschiedenen Schriftstellern verschieden gestaltet sein
müssen, die bei ihrem Entstehen meist nur persönliche
Anschauung eines einzelnen oder einer Partei sind und
daher nie allgemeine Geltung beanspruchen können, die
meist durch mündliche Ueberlieferung gar nicht fortge-

pflanzt werden und falls dies geschieht, doch viel grössern
Veränderungen unterliegen als Thatsachen.

Wir dürfen also nur annehmen, dass zur Zeit des
Pausanias Polydor in gutem Andenken bei den Spartanern
stand. Wann diese Verehrung begann, bleibt unbekannt.
In der ganzen historischen Zeit bis auf Pausanias fehlt
jede Andeutung. Die Annahme, dass er bei Lebzeiten
ein Liebling des Volkes war, ist also höchstens einer von
den möglichen Fällen.

Ebenso unhaltbar ist die zweite Annahme, dass der
Mörder Polemarch eines Denkmales in Sparta würdig erachtet wurde.

Diese Annahme wird von niemanden berichtet, auch
nicht von Pausanias. Dieser schreibt nur: „es ist aber
auch ein Grab (μνῆμα) des Polemarch in Sparta, entweder weil er vorher als ein rechtschaffener Mann galt,
oder weil ihn seine Verwandten heimlich begraben haben“.
Die Motive, die Pausanias angibt, zeigen doch klar, dass
er unter dem Ausdrucke „μνῆμα“ nur ein Grab, nicht
aber ein von den Spartanern gesetztes Denkmal verstan-
den und den Polemarch durchaus nicht als einen später
vom Volke geehrten dargestellt wissen will. Der blosse
Umstand, dass Polemarch in Sparta begraben wurde und
dass man 800 Jahre später sein wirkliches oder angebliches Grab noch zu zeigen wusste, kann natürlich keinen
Beweis liefern, dass er ein Tyrannenmörder war. Wenn
Pausanias, der zu einer Zeit lebte, in der der Begriff
der Majestätsbeleidigung aufs schärfste ausgebildet war,
sich wundert, wie ein Königsmörder in seiner Vaterstadt
noch begraben werden kann, so ist dies erklärlich; denkt
man sich jedoch in eine Zeit hinein, in der die Könige
als die ersten unter den gleichen galten, in der der
Mord nicht als ehrlos, nicht als Verbrechen gegen den
Staat, sondern als Beschädigung der Familie des Ermordeten galt, in der der Mörder sich nur mit letzterer
auszusöhnen brauchte, um wieder frank und frei einher-

gehen zu können, so wird man sich darüber nicht mehr
wundern. Dass man dem Pausanias noch das angebliche
Grab des Königsmörders zu zeigen wusste, beweist nur,
dass Polemarch durch seine That berühmt wurde, nicht
aber auch, dasss die That als ehrenvoll betrachtet wurde.
Das Andenken an Ephialtes, Herostratos und viele tausend
andere traurige Berühmtheiten, ist bis jetzt gewahrt; und
doch wird Niemand behaupten, dass dies nur deshalb
möglich sei, weil einst ihre That als ehrenvoll betrachtet
wurde.

3. Ueber die Reformen Cheilons nach der Hypothese von Duncker.

In neuester Zeit wird dem weisen Spartaner Cheilon
und dem Sühnpriester von Kreta Epimenides ein ent-
scheidender Einfluss auf die Machtentwicklung des Ephorats zugeschrieben. Epimenides muss in Sparta die Reformen Cheilons unterstützen, denselben die „religiöse
Weihe" ertheilen. Diese Idee zuerst von Urlichs [1]) an-
geregt, wurde von Duncker weiter ausgebildet und fand
vielen Beifall.

Duncker [2]) schildert zuerst als Einleitung zur Hypothese, eingehend die innern Zustände Spartas vor Cheilon.
Der Adel verweichlichte, es war Gefahr, dass er nicht
mehr die Heloten im Zaume halten könne, dass die Könige
sich mit den Periöken verbinden, um eine Tyrannis zu
gründen. Um die Adelsherrschaft zu retten, unternahm
Cheilon als Geront um das Jahr 580 eine Reform der
Verfassung, deren Spitze sich gegen das Königthum
wendete, deren Zweck war, die exekutive Gewalt der
Könige zu beschränken und sie unter die Leitung des
Adels zu stellen. Cheilon versuchte nun im Ephorate eine
Gegenregierung zu schaffen, dasselbe nicht blos den
Königen gleichzustellen, sondern über das Königthum

---

1) Lykurg. Rhetren; Rhein. Museum, 6. Jhg. S. 224 fg. —
2) IV. B. S. 361 fg.

hinauszuheben. „Aber es war ein Widerstand der Könige
vorauszusehen, sich stützend auf ihr vom delphischen
Gotte geheiligtes Recht. Cheilon liess daher den Epimenides von Knossos, der vorher in Athen in ähnlicher
Beziehung wirkte, nach Sparta holen. Dieser weihte
hier neben der Tonhalle am Markte ein Heiligthum, in
dem er die Bildsäulen des olympischen Zeus und der
olympischen Aphrodite aufrichtete und gab dem Ephorate die religiöse Stellung, die ihm fehlte. Er verordnete,
dass die Ephoren von Zeit zu Zeit in einem Tempel,
welchen er in der Nähe der Stadt gründete und der
Pasiphae, der Gattin des kretischen Minos - Melkarth
weihte, schlafen sollten; sie würden hier im Traume die
Weisungen der Götter empfangen, wie solche dem Epimenides selbst in der Grotte von Knossos zu Theil wurden. Von acht zu acht Jahren hatte Zeus dem Minos
Offenbarungen ertheilt, so sollten nun auch die Ephoren
in jedem neunten Jahre gemeinsam in einer stillen und
mondlosen Nacht schweigend den Himmel beobachten.
Wenn sich eine Sternschnuppe zeige, so hätten die Könige
gegen die Götter gefehlt. In diesem Falle sollten die
Ephoren die Könige so lange suspendiren, bis ein von
Delfoe oder Olympia eingeholtes Orakel den Weg angezeigt habe, wie der Fehler wieder gut gemacht werden könne. Damit war Alles erreicht, was man brauchte“.
„Die Ephoren waren damit nicht nur gleich, sondern
höher berechtigt als die Könige. Die Götter selbst gaben
ihnen das Recht, die Könige zur Verantwortung zu ziehen,
ihre Gewalt zu suspendiren. Die Aufseher des Marktes
waren Aufseher der Könige geworden. Die Ephoren
errichteten dafür dem Epimenides ein Denkmal in ihrem
Amtshause am Markte. Um die Exekutivgewalt der
Könige zu überwachen, musste den Ephoren selbst eine
ausgedehnte Executivgewalt übertragen werden. Sie erscheinen von nun an an der Spitze der gesammten
Staatsleitung“.

Es ist uns nur aus der kurzen Notiz des Diogenes [1])
von Laerte: „Cheilon stellte zuerst den Königen die
Ephoren an die Seite" — bekannt, dass Cheilon als ein
Reformator des Ephorts galt; da nur diese einzige Quelle
über diesen Gegenstand vorhanden ist, so fehlt auch
über die Art und den Umfang der Reformen jede Andeutung. Alles, was somit Duncker darüber berichtet,
gehört in den Bereich der Hypothese.
Wie ich in der Einleitung erwähnte, kann eine
Hypothese nur dann wahrscheinlich sein, wenn die Basis
eine zuverlässige ist. Diese Forderung fehlt bei der
Dunckers gänzlich.
Es sind erstlich die beiden Reformatoren Cheilon
und Epimenides blos sagenhafte Gestalten.
Ueber eine staatsmännische Thätigkeit Cheilons berichten ältere Quellen nichts. Im Gegentheil; schon bei
Herodot tritt er als Weiser auf, der die Kenntniss über-
natürlicher Dinge besitzt, der die Zukunft zu erkennen
vermag. Später wurde er unter die sieben Weisen ver-
setzt und ihm kernige Sprüche, die seine Lebensweisheit
und Profezeiungen, die seine überirdische Weisheit be-
zeigen sollten, zugeschrieben. Er blieb jedoch immer
eine nebelhafte Gestalt. Aelian zählt ihn wohl zu den
Staatsmännern, ohne jedoch über dessen staatsmännische
Thätigkeit etwas zu berichten. Diogenes weiss trotz der
Fülle von Quellen, die ihm zu Gebote standen, in dieser
Richtung nur die erwähnte Notiz zu bringen. Aus welcher
Quelle er sie schöpfte, ist ungewiss. Er fasst seine Notiz
anders auf als Duncker, er betrachtet den Cheilon nicht
als Reformator, sondern als Begründer des Ephorats;
dies beweist der Beisatz „Σάτυρος Λοχοῦργον". Jedenfalls ist die Notiz zu unsicher und zu unklar, als dass
man den Cheilon, auf diese gestützt, zum Reformator des

---

1) Cheilon I. 68. καὶ πρῶτος εἰσηγήσατο ἐφόρους τοῖς βασιλεῦσι
παραζευγνύναι.

Ephorats machen kann. Es ist wahrscheinlicher, dass
man in der spätern Zeit den Drang fühlte, den geschichtlichen Nebel, der über das Leben Cheilons lag, zu zer-
streuen und ihn zu einem Staatsmanne zu machen, wie
es der weise Solon war. So mag ihm neben Gesandtschaften auch die Begründung oder Reformirung des
Ephorats angedichtet worden sein.

Noch dunkler und sagenhafter ist die zweite Persönlichkeit, Epimenides von Kreta. Obwohl auch er kaum
100 Jahre vor Herodot gelebt haben soll, so wissen wir
doch von ihm nichts einigermassen zuverlässiges. Die
seinem Zeitalter am nächsten stehenden Geschichtsschreiber, Herodot und Thukydides, erwähnen ihn gar
nicht. Erst zwei Jahrhunderte nach seinem angeblichen
Wirken wird er zum erstenmale von einem Schriftsteller
genannt und dann häufen sich die Nachrichten; je später
ein Geschichtschreiber lebt, desto zahlreichere, verworrenere
und unglaubwürdigere Notizen bringt er über dessen
Wirken. Epimenides gehört ohne Zweifel in jene Klasse
von Männern, die nicht unter ihren Zeitgenossen, sondern erst bei der Nachwelt zu grösserer Berühmtheit
gelangten, um die sich ein Sagenkreis bildete, der fortwährend durch einzelne, oft widersprechende Zugaben
bereichert wurde. Die besondere Vorsicht, die schon
deshalb bei der Beurtheilung des Wirkens dieser Persönlichkeit geboten ist, muss sich noch steigern, wenn
wir den Charakter der Sagen betrachten. Er wird als
Weltweiser, Profet, Sühnpriester, Liebling der Götter
hingestellt, es werden ihm heroische Ehren zu Theil.
Ueber solche Personen entwickelt und verbreitet sich bekanntlich leicht und rasch, selbst ohne reale Unterlage,
ein Sagenkreis. Die meisten Angaben über Epimenides
sind dem entsprechend, derart, dass man sie von vorn-
herein als unmöglich verwerfen muss; aber auch dem
geringen Reste, der übrig bleibt, muss die Kritik die
historische Grundlage absprechen oder wenigstens an-

zweifeln. Es scheint, dass einige Gedichte und Schriften religiösen Inhalts, wie „über Entstehung der Götter", „über Heiligthümer", „über Sühnungen" u. s. w., die wirklich oder angeblich von einem kretischen Priester Epimenides herrührten und die vom 4. Jhd. an allmählig in Griechenland bekannt wurden, hauptsächlich den Stoff zur Sagenbildung lieferten.

Es ist ferner ungewiss, ob Cheilon und Epimenides überhaupt Zeitgenossen waren.

Wir sind eben, weil alle Angaben über beide schwankend sind, nicht im Stande, auch das Zeitalter, in dem sie lebten, bei Cheilon nicht auf 50, bei Epimenides nicht auf 100 Jahre genau anzugeben. Die gebräuchliche Annahme, Cheilon lebte um 580, basirt auf einer Quelle, die nur unmögliches berichtet, ein Wunder und eine Profezeiung [1]). Die Annahme, Epimenides lebte zur Zeit Solons, beruht auf dem Berichte Plutarchs [2]) über die Entsühnung der Stadt Athen durch Epimenides, dessen Glaubwürdigkeit jedoch sehr bezweifelt werden muss.

Es ist ferner ungewiss, ob Epimenides jemals in Sparta gewesen ist.

Duncker zitirt für die Anwesenheit desselben in Sparta den Pausanias, der, wie schon angegeben, im 2. Jahrhundert n. Chr. Griechenland bereiste und beschrieb. Pausanias schöpfte in seinen Berichten, auf die es hier ankommt, augenscheinlich nicht aus älteren Quellen, sondern schrieb nieder, was ihm die Spartaner und Argiver bei seiner Anwesenheit über Epimenides erzählten. Seine Angaben zeigen uns daher nur den Zustand der Tradition 700 Jahre nach der von Duncker behaupteten Anwesenheit des Epimenides in Sparta. Ob nun dieser Tradition auch eine geschichtliche Thatsache zu Grunde liege, ist noch zu untersuchen.

---

1) Herodot 1. 59. — 2) V. Solon. C. 12.

Pausanias schreibt [1]): „Die Argiver behaupten, dass die Lacedaemonier den Epimenides im Kriege mit Knossos gefangen genommen und hingerichtet haben, weil er ihnen ungünstiges profezeite und dass sie selbst seinen Leichnam fortgenommen und in Argos begraben haben, wo noch vor dem Tempel der Athenae das Grab desselben sein soll"; ferner: „dass die Erzählungen der Lakedaemonier, die er für wahrscheinlicher halte, nicht mit denen der Argiver übereinstimmen, jene nicht einmal zugeben, dass sie mit den Knossiern Krieg geführt haben [2])".

Diogenes von Laerte hingegen überliefert: „dass die Lakedaemonier den Leichnam des Epimenides aufbewahren [3])"; ferners: „dass Epimenides den Kretern den Ausgang des Kampfes zwischen Lakedaemoniern und Arkadern vorhersagte [3])".

Diese Angaben beweisen durchaus nicht irgend eine Anwesenheit des Epimenides in Sparta; sie beweisen nur, dass sich im Laufe der Zeit ganz unhistorische Sagen über ihn ausbildeten, dass ihm sowohl in Argos wie in Sparta heroische Ehren erwiesen wurden, dass beide Städte sich rühmten, sein Grab zu besitzen, ähnlich wie im Mittelalter verschiedene Kirchen sich rühmten, den Leib ein- und desselben Heiligen zu besitzen. Der Krieg mit Knossos ist allgemein als unhistorisch anerkannt. Die Nachricht des Suidas [4]), „dass die Haut des Epimenides mit Weissagungen bedeckt im Ephoreion verborgen und aufbewahrt worden sei", kann die Sagenbildung einigermassen erklären. Diese Angabe bedeutet wohl nichts anderes, als dass Orakelsprüche, ob wirklich oder angeblich von Epimenides herrührend, auf eine Haut geschrieben, im Ephoreion aufbewahrt wurden. Der Besitz von Orakelsprüchen, die dem Epimenides zugeschrieben wurden, ist

---

1) II. 21. 4. — 2) III, 11. 11 und III. 12. 11. — 3) Epimen. I. 115. — 4) Vgl. Urlichs „lyk. Rhetren." Rhein. Museum 6. Jhg. S. 224.

nicht auffallend, da man ja nach solchen suchte und ohne
Zweifel ebenso wie die Reliquienkäufer des Mittelalters,
ächte und unächte Waare nicht zu unterscheiden vermochte. Aber eben dieser Besitz konnte die Veranlassung
werden, dass dem Epimenides Orakelsprüche, die sich auf
Sparta bezogen, zugeschrieben wurden; auch die Form,
in der diese Nachricht auftritt, man besitze seine Haut,
konnte Anlass geben zur Behauptung, man besitze seinen
Leib, es sei also in Sparta sein Grab.

Pausanias berichtet ferners: „dass im alten Amthause
der Ephoren ein Denkmal (μνῆμα) des Epimenides [1]) und
neben der Skias in Sparta ein Rundbau sei, mit den
Bildsäulen des olympischen Zeus und der olympischen
Aphrodite, den Epimenides gebaut haben soll [2])".

Es ist durchaus nicht auffallend und für den Beweis,
dass Epimenides in Sparta war, ganz werthlos, dass man
in Sparta einem Seher und Heroen, von dem man wähnte,
sein Grab und Profezeiungen zu besitzen, eines Denkmals
würdig erachtete, (wenn man nicht vielleicht μνῆμα mit
Grab oder Grabdenkmal übersetzen muss). Nur die Angabe, dass er in Sparta einen kleinen Tempel erbaut
haben soll, könnte für die Anwesenheit des Epimenides
in der Stadt sprechen, wenn sie gesicherter wäre. So
aber beweist sie nur, dass man den Epimenides im
2. Jahrhunderte n. Chr. für den Erbauer eines kleinen
Tempels hielt. Abgesehen davon, dass sich hier selbst
Pausanias sehr vorsichtig ausdrückt und dass wir nicht
wissen, welche Gebäude das grosse Erdbeben des 4. Jahrhunderts überdauerten, finden wir ja im Alterthume allgemein, dass die Gründung alter Tempel, deren Entstehung im Laufe der Zeit vergessen wurde, auf Götter
oder berühmte als Heroen verehrte Persönlichkeiten
zurückgeführt wurde, ähnlich wie man im Mittelalter
den Ursprung christlicher Kirchen gerne auf Apostel oder
berühmte Heilige zurückführte.

---

1) III. 11. 11. — 2) III. 12. 11.

Eine Anwesenheit des Epimenides in Sparta darf
man demnach aus den erwähnten Berichten nicht folgern; sie ist durchaus unwahrscheinlich, da auch diese
Angaben wie alle über Epimenides, den Charakter der
Sage offen an sich tragen.

Es ist endlich auch jene Angabe Dunckers, auf der
in der Hauptsache die Hypothese beruht, aus der die
weitern Schlüsse gezogen werden konnten, nämlich, —
dass Epimenides in der Nähe der Stadt einen Tempel
der Pasiphae gründete — unbegründet; denn diese Angabe ist durch keine Quelle, auch nicht durch Pausanias
belegt, ist nur eine A n n a h m e Dunckers.

Die Grundlagen der Hypothese Dunckers sind also
ganz unsicher oder unbegründet; demnach können auch
die daraus gezogenen Folgerungen nicht sicher sein.

So: dass Epimenides das Schlafen im Tempel der
Pasiphae und die Himmelsbeobachtung anordnete. Sicher
ist nur, dass im 3. Jahrhunderte, kurz vor dem Untergange des Königthums, die Ephoren sich solcher Mittel
gegen die Könige bedienten [1]). Ob jedoch auch früher
oder mehr als 3 Jahrhunderte vorher, ist ganz und gar
unbekannt. Wahrscheinlich konnte wie im Traumorakel
bei Theben [2]) im Tempel der Pasiphae zu Thalamae jeder
schlafen und sich Traumorakel holen, der wollte; demnach war es wohl auch den Ephoren gestattet, eine eigene
Verordnung gar nicht nöthig.

Auch der Umstand, „dass der dem Ephorate ver-
liehene Ritus", wie Duncker [3]) sich ausdrückt, „kretischen
Ursprungs ist", kann nicht beweisen, dass dieses den Ritus
von Epimenides erhalten haben muss. Duncker [4]) selbst
behauptet, dass zur Zeit der phönikischen Seeherrschaft
von Kreta aus phönikische Einflüsse auf Lakonien stattfanden, dass die Griechen die fremden Kulte duldeten,

---

1) Plut. Agis C. 9 und 11; Cleomenes c. 7. — 2) Herod. VIII.
134. — 3) IV. S. 368. N. 1. — 4) III. S. 164.

nicht vernichteten, höchstens graecisirten; so konnte auch
hier zu Thalamae die semitische Göttin mit ihrem fremden
Kulte, die Wanderung überdauert haben und vielleicht
erst spät, erst spät in historischer Zeit — nachdem der
Beweis geliefert war, dass die Priester am delfischen
Orakel bestechlich seien und von den Königen, um
günstige Orakel zu erhalten, wirklich bestochen wurden —
das nahe Orakel der fremden Göttin von den Ephoren
benützt worden sein, um einen Druck auf das Königthum
auszuüben.

Alle weitern Schlüsse, die Duncker aus dem Auf-
sichtsrechte der Ephoren zieht, der allmählige Uebergang
der ganzen Executivgewalt auf die Ephoren sind natürlich demnach auch unhaltbar. Es lässt sich durch spätere
zuverlässige Quellen zeigen, dass diese Schlüsse geradezu
unrichtig sind; dadurch wird auch die ganze Hypothese
unmöglich.

Herodot, der etwa vier Jahre nach dem Tode des
Königs Kleomenes I, von Sparta geboren wurde, berichtet
in seinem Geschichtswerke auch über die Regierung dieses
Königs. Herodot ist nahezu Zeitgenosse, konnte seine
Nachrichten noch von Personen erhalten, die zur Zeit
des Kleomenes lebten, ist also gewiss eine viel zuverlässigere Quelle für diese Zeit, als der in der Kaiserzeit
lebende Pausanias, für die Zeit Cheilons. Nach der Darstellung Herodots ruht jedoch die ganze Executivgewalt
des spartanischen Staates unter Kleomenes I., die nach
Duncker doch die Ephoren besitzen sollten, in den Händen der Könige. Sie treten scharf als die Vertreter des
Staates nach Aussen hin hervor, sie beginnen selbst
Kriege ohne Zustimmung des Volkes. Duncker selbst
sieht sich gezwungen, um seine Hypothese mit diesen
Berichten Herodots theilweise in Einklang zu bringen,
die Ephoren an mehreren Stellen [1]) mehr in den Vor-

1) Man vergleiche Duncker IV. S. 441. „Es zeigte sich bald,
dass die Ephoren diesem Manne gegenüber einen schweren

dergrund, die Könige in den Hintergrund treten zu lassen,
als Herodot, ein Vorgang, der vom kritischen Standpunkte aus nicht zu billigen ist.

Stand haben würden". — S. 457. „König Kleomenes wurde
mit einem Heerhaufen in Marsch gesetzt" — mit Herodot V. 70—72.
— S. 459. „Die Spartaner boten alle ihre Bundesgenossen auf" —
mit Herod. V. 74. — S. 466. „Als die Abgeordneten in Sparta
erschienen, führten die Könige und Ephoren Spartas den
Hippias in deren Mitte" — mit Herod. V. 91. — S. 621. „Aristagoras bat vergeblich bei den Königen, vergeblich bei den Ephoren" und „die Unterstützung Joniens hing nicht von Kleomenes
allein, sie hing weit mehr von den Ephoren ab" — mit Herod.
V. 49—55. und V. 97. — S. 647. „Der König wurde von den
Ephoren bei der Gerusie angeklagt" — mit Herod. VI. 82. —
S. 662. „König Kleomenes erhielt den Auftrag, nach Aegina
zu gehen" — mit Herod. VI. 50. 51. — S. 691. „Indem die beiden
Könige die Geisseln der Aegineten den Athenern übergaben, hatten
sie ihre Vollmacht überschritten. Die Ephoren wagten
nicht, diese That zu ahnden — mit Herod. VI 65—73. — S. 692.
„Diese Entdeckungen gaben den Ephoren Grund, den Kleomenes
anzuklagen" — mit Herod. VI. 74. — S. 693. „Nicht den Ephoren
und der Gerusie, dem Kleomenes hatten die Vorsteher der ar-
kadischen Gemeinden unbedingte Treue eidlich gelobt" — mit
Herod. VI. 74.

II. Kritik der Quellen über den Ursprung des spartanischen Ephorats.

Alle schriftlichen Nachrichten über die Entstehung des spartanischen Ephorats, entstammen der Zeit nach den Perserkriegen. Mehrere Jahrhunderte hindurch nagte also der zersetzende Einfluss der Zeit an der mündlichen Ueberlieferung. Dem entsprechend sind auch alle Nachrichten mangel- und lückenhaft und widersprechend. Es kann auch das Alter der Quelle in diesem Falle für die Kritik von keiner Bedeutung sein, da ja auch die älteste Quelle (Herodot) mehrere Jahrhunderte nach dem Ereignisse erst entstand. Man ist demnach nur auf die Kritik der Nachricht dem Inhalte nach angewiesen. Ich werde nur die von einander unabhängigen Quellen einer Betrachtung unterziehen, die davon abhängigen jedoch ganz ausser Acht lassen.

1. Ueber die Berichte Herodots und Xenophons.

Herodot und Xenophon schreiben die Errichtung des Ephorats dem Lykurg zu. Ersterer berichtet in einer kurzen Notiz über die Reformen des Lykurg auch, dass dieser „die Ephoren und Geronten aufstellte [1]".

Xenophon sagt: „es ist auch wahrscheinlich, dass sie (die Mächtigsten mit Lykurg) die Ephorengewalt angeordnet haben [2]".

---

1) Herod. I. 65. — 2) Xen. de republ. Lac. 8 3. Ob der „Staat der Lacedaemonier" wirklich von Xenophon herrühre, dem

Man darf gewiss die Nachricht, dass Lykurg der
Gründer des Ephorats sei, nicht bloss als persönliche
Ansicht der beiden Schriftsteller, sondern als in der
Tradition bei einem Theile des griechischen Volkes vorhanden betrachten. Man kann in vielen Beispielen das
allgemeine Gesetz nachweisen, dass jede mündliche Ueberlieferung, jede Sage den Hang äussert, die Anfänge von
Zuständen, deren Entstehungszeit man nicht mehr weiss,
in die älteste Zeit zu verlegen, Zustände, die das Resultat einer langdauernden, oft Jahrhunderte langen
Entwicklung sind, auf einen Punkt zusammenzudrängen
und ihren Ursprung auf eine berühmte Persönlichkeit
zurückzuführen. Diesem allgemeinen Gesetze entsprechend,
ist auch bei allen alten Schriftstellern der Hang nachweisbar, den Ursprung aller Staatseinrichtungen der
Lacedaemonier, auch derer, die sich allmählig durch das
Herkommen entwickelten und die erst spät aus einem
nachweisbar später auftretenden Bedürfnisse entstanden
sein konnten, auf die älteste Zeit und auf einen posi-
tiven Akt der Gesetzgebung Lykurgs zurückzuführen.
Man kann sagen, es musste, auch ohne reale Basis,
auch ohne dass Lykurg das Ephorat errichtete, eben
wegen dieses nachweisbaren Bestrebens der Tradition,
nothwendig die Ansicht entstehen, Lykurg sei der Gründer des Ephorats.

Die Annahme, die Berichte Herodots und Xenophons
haben einen realen Hintergrund, betrachte ich daher aus
dem angegebenen Grunde als unhaltbar. Es ist nur
einer der möglichen Fälle, dass Lykurg der Stifter

---

er zugeschrieben wird, darüber wage ich kein Urtheil abzugeben,
da ich mich mit der betreffenden Streitfrage nicht eingehender
beschäftigt habe. Ich erwähne nur, dass meiner Ansicht nach in
dieser Schrift eher Zustände des 3. Jahrhunderts, als der Zeit
Xenophons geschildert werden und dass Angaben Xenophons in
seinen bestimmt als ächt anerkannten Schriften öfters mit denen
im „Staat der Lacedaemonier" nicht übereinstimmen.

war, aber ebenso gut konnte die Gründung in eine andere
Zeit fallen. Berücksichtigt man jedoch auch andere
Traditionen, so darf man die Errichtung des Ephorats
durch Lykurg als höchst unwahrscheinlich bezeichnen.
Es war nämlich bei den Hellenen auch die Tradition
vorhanden, dass nicht Lykurg, sondern ein späterer
König Theopomp der Begründer des Ephorats gewesen
sei. Wir finden nun bei den Lacedaemoniern kein Beispiel, dass lykurgische, oder was dasselbe ist, alte Staatseinrichtungen, in die nachlykurgische Zeit versetzt wurden. Die Version, Theopomp sei der Stifter des Ephorats, wäre somit kaum entstanden, wenn sie nicht in
einer wirklichen Thatsache ihren Grund gehabt hätte.
Diese Tradition hat also die Schwierigkeit
des Entstehens für sich; erstere aber die
Leichtigkeit oder Nothwendigkeit gegen sich.
Aus diesen Gründen halte ich die Annahme, Theopomp
sei der Stifter des Ephorats gewesen, für glaubwürdig.

Eine Vereinigung beider Traditionen, so dass Lykurg
der Begründer, Theopomp ein Erweiterer der Macht der
Ephoren gewesen, erscheint mir, da man eben den Angaben Herodots und Xenophons die reale Basis absprechen
muss, als ganz unkritisch und als ein Ausfluss der Sucht,
die widersprechenden Traditionen zu vereinen.

2. Die Berichte Platons, Aristoteles und Plutarchs im Leben Lykurgs.

Platon und Aristoteles schreiben die Errichtung des
Ephorats dem Könige Theopomp zu.

Platon [1]) schreibt: „Der dritte Retter aber, als er
euere Regierung noch zu ausgelassen und heftig sah,
legte ihr, wie einen Zaum, die Macht der Ephoren an,
indem er ihr eine beinahe durchs Loos bestimmte Macht
zuführte. Weil nun auf diese Weise die Königsmacht

---

1) leges III. 692.

bei euch aus den erforderlichen Bestandtheilen zusammen-
gesetzt wurde und das rechte Mass hatte, hat sie sich
sowohl selbst erhalten, als sie auch die Ursache der
Erhaltung für die andern geworden ist".

Aristoteles [1]) sucht zu begründen, dass das Königs-
thum sich länger erhalte, wenn es eingeschränkt sei, und
führt dann fort: „desshalb hat die Königsherrschaft in
Lakedaemon so lange fortgedauert, theils weil die Herrschaft von anfang an in zwei Theile getheilt war, besonders aber weil sie von Theopomp, sowohl durch manche
andere Einrichtungen, als auch durch die Einsetzung des
Amtes (ἀρχή) der Ephoren geschwächt wurde; denn indem er von seiner Gewalt etwas wegnahm, vermehrte er
die Dauer der Königsherrschaft, so dass er im ganzen
sie nicht geringer sondern grösser machte. Und dies
soll er auch seiner Gemahlin geantwortet haben, als sie
zu ihm sagte, ob er sich nicht schäme, die königliche
Würde seinen Söhnen geringer zu hinterlassen, als er
sie von seinen Vorfahren erhalten hatte. Keineswegs,
sagte er, denn ich übergebe sie länger dauernd".

Plutarchs Bericht im Lykurg [2]) fusst auf die Berichte
Platons und Aristoteles. Er fügt nur bei, „dass ungefähr 130 Jahre nach Lykurg, die ersten Ephoren, die
um den Elatos, eingesetzt wurden, unter der Regierung
Theopomps".
Betrachten wir zuerst das Gespräch zwischen Theopomp und seiner Gemahlin. Es frägt sich, ob die
angeblich von diesen gesprochenen Worte auch wirklich von ihnen gesprochen und durch die mündliche
Ueberlieferung durch Jahrhunderte unverändert fortgepflanzt wurden, wie z. B. Curtius annimmt, oder ob das
Gespräch eine blosse Erfindung der spätern Zeit sei.

Es ist das letztere zweifellos. Als Gründe mögen
dienen:

---

1) Politik E. 11. — 2) Pl. Lykurg C. 7.

Es ist nicht möglich, dass sich ein Gespräch Theopomps durch Jahrhunderte im Volksmunde unverändert erhalten habe, während über seine grossen Kriegszüge, den ersten messenischen Krieg, sich nur ungenaues und ganz sagenhaftes in der Tradition erhielt. Es lässt sich nachweisen, dass nur wenige der überlieferten Gespräche und geflügelten Worte, noch weniger Gespräche, bei denen die Anwesenheit von Zeugen gar nicht vorausgesetzt werden kann, wirklich von den Personen, denen sie in den Mund gelegt werden, gesprochen wurden, sondern dass die meisten theils von den Schriftstellern der anziehenderen Darstellung wegen erfunden werden, theils wirklich später im Volke entstehen und wenn sie einen bestehenden Zustand treffend charakterisiren, sich einige Zeit erhalten und weiter verbreiten.

Es ist endlich dem menschlichen Geiste ein theilweise sicherer Blick in die Zukunft nur durch die Erfahrung ermöglicht. Der Grund, weshalb wir jetzt in vielen Fällen das richtige vorher bestimmen können, liegt nicht in einer reinen von der Erfahrung unabhängigen Verstandesthätigkeit, sondern in der reichen schriftlich fixirten geschichtlichen Erfahrung, die hinter uns liegt, die uns befähigt, aus verwandten Ursachen auf ähnliche Wirkungen zu schliessen. Die Erkenntniss, dass man durch Schwächung in einer, eine Kräftigung in anderer Richtung, durch Schwächung einer Macht, eine längere Dauer derselben erzielen kann, ist gewiss derart, dass sie nur durch die Erfahrung gewonnen werden kann. Die Richtigkeit dieser Behauptung zeigt schon ein Blick auf unser Jahrhundert. Trotz der ganz mangelhaften Kenntniss, die wir über andere griechische Staaten um die Zeit Theopomps besitzen, können wir doch als sicher annehmen, dass Theopomp nicht aus der Erfahrung schöpfen konnte, da er vielleicht wohl Königreiche zusammenstürzen und eine geschwächte Königsmacht noch

mehr schwächen sah, keineswegs aber die längere Dauer
eines geschwächten Königthums beobachten konnte.

Das ganze Gespräch ist daher als eine erdichtete
Anekdote zu betrachten. Es entstand diese in einer
Zeit, in der die Ansicht, „das Königthum werde durch
Schwächung dauernder", als ein allgemein anerkannter
Erfahrungssatz galt, in der in den meisten Staaten
Griechenlands das Königthum gänzlich abgeschafft war,
nur in einigen machtlos, beschränkt durch den Adel,
speziell in Sparta auch durch die Ephoren, noch bestand;
also jedenfalls erst in später Zeit, wahrscheinlich nicht
lange vor der Zeit des Aristoteles, der sie zuerst überliefert.

Jede Anekdote muss jedoch, damit sie Anklang
finden und als treffend bezeichnet werden kann, bestimmte
Wahrheiten oder solche Sätze, die als Wahrheiten betrachtet werden, in sich enthalten. In dieser Anekdote
ist die eine Wahrheit, die Erfahrung, dass in Sparta das
Königthum geschwächt durch die Ephoren noch bestand;
die zweite, dass Theopomp als der Gründer des Ephorats, zur Zeit der Entstehung der Anekdote, fast allgemein betrachtet wurde. Es darf eben auch ein Anekdotendichter, wenn er Anklang finden will, nicht mit der
bestehenden Tradition in einen grellen Widerspruch ge-
rathen; er muss als den Schöpfer des Ephorats den hin-
stellen, der nach der zu seiner Zeit bestehenden Tradition
als solcher galt. Alles übrige in der Erzählung ist reine
Dichtung, in der der Dichter historische Treue gar nicht
anstrebte, sondern nur bezweckte, eine passende Form
zu finden zur Vereinigung der erwähnten Erfahrung und
der Tradition.

Das historische Ergebniss aus dieser Anekdote ist
daher gering. Es ist dadurch nur sicher, dass in historischer Zeit wirklich die Tradition verbreitet war,
Theopomp habe das Ephorat errichtet; dass also diese
Ansicht im Volke verbreitet war nicht blos die Meinung
eines einzelnen Schriftstellers sein kann.

Der erstere Theil der Angabe des Aristoteles, der seinem wesentlichen Inhalte nach mit der Platons übereinstimmt, zeigt klar den Hang der Tradition, Zustände der Gegenwart auch auf die Vergangenheit zu übertragen. Es geschieht dies gewöhnlich ganz unbewusst; man ahnt meistens nicht, dass in früherer Zeit die innern Zustände verschieden waren von denen der Gegenwart. Dieses allgemeine Gesetz tritt bei beiden Schriftstellern scharf hervor. Beide stellen sich die Macht der Ephoren und die Schwäche der Könige zur Zeit Theopomps ähnlich vor, wie sie zu ihrer Zeit war. Platon glaubt, zu jener Zeit wurden die Ephoren schon „beinahe durchs Loos" gewählt. Es lässt sich jedoch nachweisen, dass Könige auch nach Theopomp noch eine grosse Macht hatten und dass die Könige wahrscheinlich auch nach Theopomp noch einige Zeit die Ephoren selbst wählten; demnach können auch ihre Angaben zur Erforschung des Ursprunges des Ephorats nicht verwerthet werden, wohl aber zur Darstellung der Zustände zur Zeit der beiden Schriftsteller.

Diese Behauptung wird noch unterstützt, wenn wir auch beachten, dass beide philosophische Abhandlungen, nicht Geschichtswerke schrieben, dass also beide die Begründung eines von ihnen aufgestellten philosophischen Systems als Hauptsache, historische Genauigkeit als Nebensache betrachteten. Als Hauptzweck betrachteten sie die Ursachen der Erhaltung des Königthums aufzufinden und zu begründen; sie erblicken die Ursache in der Schwächung der königlichen Gewalt. In Sparta wurde diese durch die Ephoren bewirkt. Nach der Tradition setzte Theopomp das Ephorat ein. Als Einsetzer wurde er auch der Urheber der Schwächung der königlichen Gewalt und konnte als solcher hingestellt werden, selbst dann, wenn unter ihm die Ephoren gar keine Macht gegenüber den Königen hatten, wenn die Schwächung erst später und allmählig eintrat. Eine längere historische

Erörterung, auf welche Art die Ephoren ihre Macht er-
reichten, mussten sie als überflüssig, ja für ihren Zweck
als störend betrachten, da eine Vereinigung von Ursache
und Wirkung in einer Person, die Erreichung ihres
Hauptzweckes nicht beeinträchtigte, ja formell vorzu-
ziehen war. Dass wenigstens Aristoteles an dieser Stelle,
wohl weil es ihm zwecklos schien, eine vollständige Richtigkeit gar nicht anstrebte, dass er selbst nicht überzeugt
war, dass die Ephoren ihre Macht durch Theopomp erhalten haben, das zeigt eine andere Stelle in seiner Politik [1]), in der er zweifelt, ob die Ephoren und dadurch
auch das Volk, ihre Macht durch einen Gesetzgeber oder
durch Zufall erlangten.

Aus diesen Gründen halte ich es für unkritisch,
wenn man gestützt auf die Angaben Platons und Aristoteles, dem Theopomp eine freiwillige oder gezwungene
Schwächung der königlichen Gewalt durch die Ephoren
zuschreibt und glaube, dass aus den Angaben beider nur
das als historisch angenommen werden kann, dass zu
ihrer Zeit die Tradition bestand, Theopomp sei der Gründer des Ephorats.

Da jedoch, wie eben erwähnt, diese Tradition schwer-
lich im Volke vorhanden gewesen wäre, wenn sie nicht
eine historische Thatsache zur Grundlage gehabt hätte,
so ist es auch wahrscheinlich, dass wirklich durch Theopomp die Ephoren eingesetzt wurden.

Die Angaben Plutarchs „im Lykurg" sind für diese
Frage werthlos. Er benützte einen spätern Schriftsteller,
dem schon die chronologischen Systeme und wahrscheinlich auch Ephorenlisten bekannt waren, etwa einen des
3. Jahrhunderts vor Chr. Ueber die Beschaffenheit der
Ephorenlisten ist uns nichts bekannt, als ihre Existenz
im genannten Jahrhundert. Für die ältere Zeit wären
sie nur dann von Werth, wenn von Theopomp an die

---

1) Arist. Pol. B. 9.

Namen fortwährend gleichzeitig aufgeschrieben worden
wären; denn durch die blosse Erinnerung hätten besonders die Namen der jährlich wechselnden Ephoren unmöglich vollständig und richtig zusammengestellt werden
können. Jedoch gleichzeitige Aufzeichnungen in der
Zeit vor den Perserkriegen gab es in Sparta kaum. Es
ist natürlich, dass man, nachdem man begonnen hatte,
Ephorenlisten zu verfertigen, auch bestrebt war, sie vollständig zu machen, bis in die Zeiten des Ursprunges
des Ephorats zurückzugreifen. Dazu reichte das Gedächtniss
nicht hin, man musste Namen erfinden, wenn man es
nicht vorzog, die Liste lückenhaft zu lassen. Es ist nicht
unwahrscheinlich, dass der Name Elatos an der Spitze
der Ephorenliste stand; für uns bedeutet dann sein Name
nicht den ersten Ephor, sondern den, den man in später
historischer Zeit für den ersten hielt, den man an die
Spitze der Ephorenliste gesetzt hatte. Für die späte
Entstehung spricht auch, dass Elatos als Ephor eponymos
oder wenigstens als erster Ephor hingestellt wird; es
werden also dem unbewussten Streben der Tradition entsprechend, Zustände, die wohl in historischer Zeit, kaum
aber zur Zeit Theopomps bestanden, in die alte Zeit
verlegt.

3. Ueber den Bericht Plutarchs im Leben Kleomenes III.

Plutarch [1]) theilt diesen Bericht in einer Rede mit.
die der König Kleomenes III. nach der Ermordung der
Ephoren und der Verbannung von 80 Bürgern zu seiner
Rechtfertigung vor einer Volksversammlung gehalten
haben soll.

„Lykurg habe den Königen die Geronten beigegeben
und beide haben den Staat. ohne einer andern Obrigkeit
zu bedürfen, einige Zeit verwaltet: später aber, als der

---

1) Plut. Cleom. C. 10.

messenische Krieg sich in die Länge zog, haben die
Könige durch die Feldzüge beschäftigt, einige aus ihren
Freunden für die Rechtspflege erwählt und diese, die
den Namen Ephoren erhielten, an ihrer Stelle den Bürgern zurückgelassen und diese seien nun anfangs fortwährend Diener (ὑπηρέτης) der Könige gewesen. Später
haben sie allmählig die Amtsgewalt auf ihre eigene Person übergeleitet und auf diese Art unvermerkt eine eigene
Behörde sich zubereitet. Der Beweis liege darin, dass
bis auf den heutigen Tag ein König, den die Ephoren
rufen lassen, auf die erste und die zweite Ladung sich
weigere, dagegen erst bei der dritten sich erhebe, um
sich zu ihnen zu begeben. Der erste, welcher dem Amte
der Ephoren seine Stärkung und Kräftigung gegeben,
sei Asteropos gewesen; allein dieser sei erst um viele
Generationen später Ephor geworden. Hätten sie nun,
fuhr er fort, einige Mässigung bewiesen, so war geduldiges Ertragen am räthlichsten. Allein sie haben durch
ihre willkührlich angemasste Gewalt die althergebrachte
Gewalt so sehr aufgelöst, dass sie sogar von den Königen
einige verjagt, andere ohne richterlichen Spruch ermordet
haben und jeden bedrohen, der sich sehnt, die schönste
und göttlichste Ordnung der Dinge in Sparta wieder zu
sehen. Und dies ist unerträglich. Wenn es nun möglich wäre, ohne Blutvergiessen die unnatürlichen erst
eingedrungenen Unheilsquellen Lakedaemons zu ver-
stopfen, als da sind: Ueppigkeit aller Art, Verschwen-
dung, das ganze Schuldenwesen und zwei noch ärgere
Uebel, Reichthum und Armuth, dann würde er sich für den
glücklichsten König halten, der, wie ein guter Arzt, das
Vaterland geheilt, ohne ihm Schmerzen zu bereiten" u. s. w.

Dieser Bericht wurde in neuester Zeit besonders angefochten. Die inneren Gründe, die dagegen von Stein [1])
und Frick [2]) vorgebracht wurden, sind derart, dass sie

---

1) Das spartanische Ephorat bis auf Cheilon. S. 7. — 2) de
ephoris Spartanis S. 10 fg.

eine Widerlegung überflüssig machen. Wichtiger sind die Einwürfe gegen die Glaubwürdigkeit des Kleomenes: Dieser trete hier als Parteimann auf, wollte im vorhinein nicht eine treue geschichtliche Darstellung des Ursprungs und der Entwicklung des Ephorats geben, sondern eine solche, die seinem Zwecke, die Ermordung der Ephoren vor dem Volke zu entschuldigen, entspreche. Demnach sei auch der Bericht unglaubwürdig.

An sich sind diese Einwendungen vollkommen richtig und berechtigt, wenn auch die Schlussfolgerung unrichtig ist. Jedoch unter den Darstellern der griechischen Geschichte, die dieser Anschauung huldigten, waren trotz der Richtigkeit nur wenige dazu theilweise berechtigt. Es ist klar, dass wenn Kleomenes wirklich historische Angaben fälschen wollte, er nur solche fälschte, die seinem Zwecke nicht entsprachen. Er wollte jedenfalls zeigen, dass die Ephoren anfangs nur ein untergeordnetes Amt hatten, dass sie von den Königen abhängig waren, erst allmählig durch gesetzwidrige Herrschsucht eine grössere Bedeutung errangen und endlich über die Könige sich erhoben haben. Diese Darstellung entsprach seinem Zwecke, in diesen Daten müsste man daher allein die Fälschungen suchen. Jedoch gerade diese Daten, die gefälscht sein sollten, werden von den Forschern, die den Bericht des Kleomenes verwerfen, als glaubwürdig betrachtet und ganz oder theilweise benützt; hingegen jene Daten, die Kleomenes durchaus nicht fälschen wollte, wie z. B., dass zur Zeit des messenischen Krieges durch Theopomp das Ephorat entstand, als unglaubwürdig angesehen. Alle Forscher stimmen mit Kleomenes überein, dass die Ephoren anfangs ein untergeordnetes Amt hatten, viele, dass sie von den Königen abhängig, von den Königen gewählt wurden, alle, dass sie allmählig eine grössere Bedeutung errangen; ja selbst Daten, die nur in diesem verdächtigen Berichte vorkommen, dass die Civilgerichtsbarkeit früh auf die Ephoren überging und dass Asteropos

die Macht der Ephoren erhöhte, finden fast allgemeine
Anerkennung. Ja, manche Abhandlungen, in denen die
Rede des Kleomenes verworfen wird, hätten dem Kleomenes sehr gute Dienste geleistet, da sie seinen Zweck
unterstützt hätten; ich meine solche, in denen die Ephoren, nicht, wie es Kleomenes thut, als Stellvertreter und
Freunde der Könige ursprünglich hingestellt werden,
sondern als untergeordnete Marktaufseher, oder Heloten-
aufseher; oder in denen sie einer minder berechtigten
oder verachteten Klasse, den Achaeern oder gar Minyern
angehören. Die Verfasser dieser können dem Kleomenes
wohl Unwissenheit, keineswegs aber eine Fälschung vor-
werfen.

Der Bericht Plutarchs ist eine Rede. Es ist bekannt, dass sehr viele Reden, die von den alten Schriftstellern überliefert werden, nie gesprochen wurden, nur
von den Schriftstellern der lebhaftern Darstellung wegen
eingeschoben wurden. Es frägt sich nun, ob diese Rede
von Cleomenes wirklich gehalten wurde, oder ob sie nur
die Gedanken des Schriftstellers enthalte, die dieser in
Redeform einkleidet. Es kann wohl kein Zweifel sein,
dass Kleomenes, nachdem er unter ungünstigen Umstän-
den und ohne viele Mitwisser seines Planes gehabt zu
haben, seinen Staatsstreich bewerkstelligt hatte, das Volk
für sich zu gewinnen suchte und hiezu sogleich eine
Volksversammlung einberief, in derselben die Gründe
seines Verfahrens auseinandersetzte und durch seine
Neuerungen dem verarmten Volke grosse materielle Vortheile in Aussicht stellte.

Wenn nun auch fast selbstverständlich Kleomenes
am Tage nach seiner That vor der Volksversammlung
eine Rede hielt, so frägt es sich noch, ob die uns durch
Plutarch überlieferte im wesentlichen mit der des Kleomenes übereinstimme. Plutarch benützte hier, wie jetzt
allgemein angenommen wird, den Phylarchos, einen
Zeitgenossen des Kleomenes. Dieser Phylarchos wird

wohl von Polybios [1]), der jedoch an dieser Stelle auch
unverkennbar als Parteimann der Achaeer auftritt, getadelt, dass er vieles in seinem Werke ohne Ueberlegung
und Urtheil geschrieben habe und Polybios hält es daher für nöthig, hinsichtlich der Thaten des Kleomenes
dem Geschichtsschreiber Aratos zu folgen. Letzteres
betrifft wohl nur die Kämpfe zwischen Kleomenes und
Aratos, zwischen Spartanern und Achaeern. Phylarchos
scheint jedenfalls als Parteimann des Kleomenes seine
Geschichte zum Vortheile desselben gefärbt zu haben.
Was jedoch den Inhalt der Rede betrifft, so ist es wahrscheinlich, dass derselbe mit dem der Rede des Kleomenes
im wesentlichen zusammenfällt. Phylarchos konnte eben,
weil er Zeitgenosse war, weil er kontrollirt werden
konnte, nicht weit davon abweichen; in Bezug auf den
Ursprung und Entwicklung des Ephorats konnte er wie
Kleomenes nur das angeben, was damals herrschende
Tradition in Sparta war.

Es ist demnach kaum zweifelhaft, dass Kleomenes
eine Rede hielt und Plutarch uns den wesentlichen Inhalt derselben richtig überliefert hat. Es ist daher noch
zu untersuchen, ob und in wie weit Kleomenes in seiner
Rede Glauben verdient.

Der Hauptzweck, den Kleomenes verfolgte, war
jedenfalls, seine That vor dem Volke zu entschuldigen
und dasselbe für sich günstig zu stimmen. Die geschichtliche Darstellung des Ephorats diente ihm nur als Mittel
zum Zweck, er beabsichtigte im vorhinein, nicht eine treue
möglichst vollständige Darstellung, sondern nahm nur
das zweckdienliche davon heraus und verwerthete es, so
weit irgend möglich. Er musste aber auch solche Stoffe
auswählen, die dem Volke bekannt waren, die als Tradition betrachtet wurden; denn das unbekannte wäre,
da sein Zweck auch den Zuhörern bekannt war, als

---

1) II. 56.

unwahr betrachtet worden und durch eine Lüge hätte
er zweckwidrig gehandelt, da sie auf das Volk nicht die
beabsichtigte, sondern die gegentheilige Wirkung üben
musste. Er durfte endlich an der Tradition nur solche
Fälschungen vornehmen, die dem Volke nicht auffielen.
Es kann daher diese Rede auch als Geschichtsquelle benützt werden, insofern eben Kleomenes nicht gegen die
herrschende Tradition verstossen durfte. Es ist demnach
zu untersuchen, welche Punkte der Rede Fälschungen
oder Verdrehungen; ferner, welche die herrschende
Tradition, und endlich, welche Theile der Tradition
eine reale Basis enthalten.

Ich habe schon erwähnt, dass Erdichtungen von
Thatsachen in der Rede nicht zu suchen sind, da diese
ganz zweckwidrig gewesen wären; hingegen muss man
voraussetzen, dass Kleomenes vorausgesetzt das Wissen, das
über die Entwicklung des Ephorats, was seinem Zwecke
nicht entsprach oder denselben nicht förderte, absichtlich verschwieg. So z. B. mag er jede Phase der Entwicklung, die mit dem Doppelkönigthum in inniger Be-
rührung stand, verschwiegen haben, weil er durch die
Erwähnung des Doppelkönigthums das Volk erinnert
hätte, dass seine eigene Herrschaft eine ungesetzliche
sei, da er Alleinherrscher war, der König aus dem andern
Hause beseitigt worden war.

Ferners dürfen die Fälschungen eine gewisse Grenze
nicht überschreiten, sie dürfen nicht so offen hervortreten, dass sie vom Zuhörerkreis sogleich bemerkt werden. Solche werden bei dieser Art von Geschichtsquellen
immer auftreten in den Motiven einer That, da das
Volk die blossen Gedanken und innern Beweggründe
des Sprechers nicht kontrolliren, darüber nur Vermuthungen aufstellen kann. Man darf zweifeln, ob er geduldiges
Ertragen dem Staatsstreiche vorgezogen hätte, wenn die
Ephoren einige Mässigung bewiesen hätten und ob ihn
bloss die Liebe zum Vaterlande, bloss die Sehnsucht,

Lakedaemon vom Untergange zu erretten, zu seiner That
bewogen haben: man darf wohl annehmen, dass Ehrgeiz,
Ruhmsucht, persönliches Streben nach Unabhängigkeit
und unbedingte Herrschaft die Haupttriebfedern waren.
Endlich dürfen Thatsachen zwar nicht geändert, aber
zweckentsprechend dargestellt oder tendenziös gefärbt werden. Wenn Kleomenes ausdrücklich sagt, die
Könige wählten die Ephoren anfangs aus ihren „Freunden", so wird diese Bezeichnung wohl richtig sein; man
kann sie als eine nothwendige Consequenz der unbeschränkten Wahl der Ephoren durch die Könige ansehen;
aber er wählte doch gewiss absichtlich dieses Wort, um
die ursprüngliche volle Uebereinstimmung der Könige
und Ephoren greller hervorzuheben. Ebenso nannte er
die Ephoren gewiss nicht unabsichtlich „Diener" der
Könige. Auch diesen Ausdruck kann man als eine
nothwendige Consequenz der Abhängigkeit betrachten;
jedoch gewählt wurde dieses Wort nur, um die Abhängigkeit scharf hervorzuheben, einen sehr niedern
Grad derselben zu bezeichnen. Wenn den Zuhörern
bekannt war, dass die Ephoren einst von den Königen
gewählt wurden, so konnte er durch diese scharfe Be-
tonung der beiden der Erreichung seines Zweckes gün-
stigsten Zustände, der Wahl der Ephoren durch und der
Uebereinstimmung derselben mit den Königen, den
beabsichtigten Effekt erzielen, ohne unter den Zuhörern
Ungläubige zu treffen, da er eben keine offene Unwahr-
heit sprach, sondern nur aus der Wahl die schärfsten
Consequenzen zog. Wenn endlich Kleomenes sagt, die
Ephoren haben von den Königen einige verjagt, andere
ohne richterlichen Spruch ermordet, so ist dies jedenfalls
eine Uebertreibung der wirklichen Thatsachen. Jedoch
Kleomenes konnte sich dieselbe erlauben, weil die Hauptsache wahr war.

Die der herrschenden Tradition entnommenen
Punkte sind in den nackten historischen Angaben zu

suchen. Es ist eben, wie schon erwähnt, bei dieser Art
von Geschichtsquellen, bei der es sich um Entschuldigung
einer Thathandlung oder Gewinnung des Volkes handelt,
jede offene Fälschung und jede Erwähnung von unbekannten historischen Daten zweckwidrig; demnach muss
man im allgemeinen auch annehmen, dass die von Kleomenes erwähnten historischen Angaben den Spartanern
bekannt waren, dass diese die damals herrschende
Tradition über den Ursprung und die Entwicklung des
Ephorats in Sparta darstellten.

Herrschende Tradition müsste daher diesem
Schlusse gemäss gewesen sein: dass von Lykurg an die
Könige und Geronten einige Zeit den Staat verwalteten,
ohne einer andern Obrigkeit zu bedürfen; dass erst
während des messenischen Krieges Stellvertreter der ab-
wesenden Könige für die Gerichtsbarkeit gewählt wurden; dass diese Stellvertreter ursprünglich von den Königen
gewählt wurden; dass sie allmählig ihre Macht erweiterten;
dass Asteropos zuerst dem Amte der Ephoren eine grössere
Gewalt gegeben habe.

Diese Schlüsse sind nur aus der Beschaffenheit der
Quelle gezogen. Zum Beweise der Richtigkeit derselben
ist werthvoll, wenn alle oder einzelne der als Tradition
erschlossenen Punkte auch durch andere Quellen als
wirklich herrschende Tradition nachzuweisen sind. Für
diese Frage ist unter den angegebenen Punkten am
wichtigsten der Nachweis vom Vorhandensein einer Tradition, die die Ephoren ursprünglich durch die Könige
wählen lässt. Deshalb suche ich diesen Nachweis zuerst
zu bringen.

Hiezu dient mir eine, wenn auch scheinbar unbrauch-
bare Quelle in den lakonischen Denksprüchen Plutarchs[1]):
„Anaxilas sagte zu einem, der sich wunderte, weshalb
die Ephoren (οἱ ἔφοροι) vor den Königen nicht aufstün-

---

1) Pl. Apophth. S. 352. (Wyttenbach),

den, da sie doch von den Königen eingesetzt werden, — deshalb, weil sie Ephoren (Aufseher) sind" (δι' ἢ ἐφορεύουσιν.)

Dieser Denkspruch enthält einen offenen Widerspruch. Es ist klar, dass die Ephoren in der Zeit, in der sie nicht mehr vor den Königen aufstanden, in der sie beaufsichtigten, auch nicht mehr von denselben gewählt wurden. Der Widerspruch kann nur dann gelöst werden, wenn wir den Charakter der Quelle ins Auge fassen. Wir haben es hier mit einem Denkspruch oder einer Anekdote zu thun. Wie schon erwähnt, geht man bei solchen Geschichtsquellen selten fehl, wenn man sie im vorhinein als das Fabrikat einer spätern Zeit betrachtet und nicht derjenigen, in der sie spielen. Die Entstehungszeit lässt sich annähernd bestimmen durch das Wort ἐφορεύουσιν. 'Εφορεύειν heisst: „Ephor sein, Aufseher sein, beaufsichtigen". Hier muss es ohne Zweifel in den letztern Bedeutungen genommen werden und zwar nicht blos „Aufseher sein über irgend einen untergeordneten Kreis, z. B. den Markt oder die Heloten, sondern über die Könige und den ganzen Staat. „Deshalb bleiben die Ephoren vor den Königen sitzen, weil sie die Könige selbst beaufsichtigen". Es müssen also damals, als der Denkspruch entstand, die Ephoren als Aufseher der Könige und überhaupt eigentliche Lenker des Staates betrachtet worden sein. Es kann daher der Denkspruch nicht vor den Perserkriegen entstanden sein.

Jede Anekdote muss gewisse wirkliche oder geglaubte Wahrheiten enthalten, wenn sie auf Anklang rechnen will. Es musste wahr sein, dass die Ephoren vor den Königen nicht aufstanden und dieselben beaufsichtigten; dies war jedenfalls wahr zu jener Zeit, in welcher die Anekdote entstand. Es muss ferner als wahr angenommen werden, dass die Ephoren von den Königen gewählt wurden. Dies konnte zur selben Zeit, in der die Ephoren Aufseher waren, zur Zeit der Entstehung

der Anekdote, nicht mehr wahr sein, es musste aber als
wahr in der früheren Zeit noch beim Volke bekannt
sein, es musste noch eine Tradition bestehen, dass einst
in alter Zeit die Ephoren von den Königen gewählt
wurden, sonst hätte das Volk nichts treffendes an der
Anekdote gefunden. Die Anekdote vereinigte also einen
Zustand, der nur in der alten Zeit und einem, der nur
in der Entstehungszeit derselben vorhanden war, auf einen
Zeitpunkt und zwar wurde natürlich der letztere in die
alte Zeit verlegt. Es konnte dies geschehen; denn ohne
ausdrückliche Erinnerung denkt von den Zeitgenossen
nicht leicht jemand daran, dass die Zustände, die sie
täglich sehen (hier also, dass die Ephoren Aufseher sind
und vor den Königen sitzen bleiben), in einer frühern
Zeit noch nicht bestanden. Dadurch entstand das scheinbar Unvereinbare, Unbegreifliche, das durch ein treffendes
Wortspiel, in dem wohl der eigentliche Zweck des Denkspruches liegt, seine Lösung findet.

Der Anekdotendichter benöthigte nun noch einen
König der Spartaner, den er die Worte sprechen lassen
konnte, selbstverständlich einen der alten Zeit, jedoch
einen nach Theopomp. In den gewöhnlichen Königs-
listen finden wir jedoch keinen König Anaxilas, weshalb
einige Forscher glauben, der König Anaxidamos habe die
Worte gesprochen. Der Anekdotendichter hatte jedenfalls keine Königsliste vor sich und suchte seinen alten
König, den er brauchte, wie es scheint, bei Herodot [1]).
Dort fand er als fünften Vorfahr des spartanischen
Königs Leotychides, einen Anaxilas, den Herodot ausdrücklich als einen spartanischen König bezeichnet. Es
kann dies auch als Beleg dafür betrachtet werden, dass
die Anekdote erst nachdem das Geschichtswerk des
Herodot bekannt war, gedichtet wurde.

Der historische Werth des Denkspruches reduzirt

---

1) VIII. 131.

sich also darauf, dass man ihn als einen Beleg betrachten
kann, dass in historischer Zeit die Tradition vorhanden war, „die Ephoren seien in der alten Zeit nicht vom
Volke, sondern von den Königen gewählt worden",
und dass in historischer Zeit — was uns auch aus andern Quellen bekannt ist — die Ephoren vor den Königen
sitzen blieben und die Könige beaufsichtigten.

Auch andere Punkte der Rede des Kleomenes lassen
sich als herrschende Tradition nachweisen. So die Angabe, dass „von Lykurg an die Könige und Geronten
herrschten, ohne der Ephoren zu bedürfen". Platon [1]
berichtet: „eine menschliche Natur, gemischt mit einer
göttlichen, habe die Macht der 28 Greise in den wichtigsten Dingen der Macht der Könige gleichgestellt".
Später lässt er dann den dritten Retter kommen, der
den Königen die Macht der Ephoren als Zaum anlegte.
Auch andere Schriftsteller äussern sich in ähnlichem Sinne.

Ferner bestand, wie ich nachzuweisen versuchte, die
Tradition, dass durch Theopomp, also zur Zeit des
messenischen Krieges, das Ephorat eingesetzt wurde.

Endlich fehlen auch nicht Andeutungen, dass die
Tradition bestand, dass die Ephoren ihre Macht allmählig erweiterten. Einzelne Angaben bei Thukydides und Aristoteles deuten auf Verfassungsveränderun-
gen bei den Spartanern hin, wobei wohl in erster Linie
das Ephorat betheiligt war. Ob die Angabe über Cheilon [2]
als Reformation des Ephorats und als wirkliche Tradition
zu betrachten ist, ist zweifelhaft.

Es kann also aus andern Quellen nur für diese zwei
Punkte nicht nachgewiesen werden, dass sie in der
Tradition vorhanden waren, nämlich, dass die Ephoren
als Stellvertreter der Könige für die Gerichtsbarkeit eingesetzt wurden, und dass Asteropos die Macht des Ephorats hob.

---

[1] leges III 691 und 692. — [2] Diog. Laert. Cheilon. 68.

D u m , Ephorat. 4

Es ist endlich noch zu untersuchen, welche Theile
dieser Tradition wahrscheinlich eine r e a l e B a s i s
haben.

Die Tradition, „in den ältesten Zeiten haben in
Sparta die K ö n i g e u n d G e r o n t e n a l l e i n den Staat
verwaltet", entspricht den homerischen Zuständen, die
uns die Zustände bezeichnen, die in andern Theilen
Griechenlands geraume Zeit vor Theopomp herrschten.
Auch bei Homer hat der König die Gesammtleitung und
bedient sich des Rathes erfahrener Männer. Es ist demnach wahrscheinlich, dass in Sparta, das am treuesten
homerische Zustände bis in die späteste Zeit conservirte,
ursprünglich auch solche homerische Zustände, die die
Tradition angibt, herrschten.

Die Tradition, „z u r Z e i t d e s m e s s e n i s c h e n
K r i e g e s w ä h l t e n s i c h d i e K ö n i g e S t e l l v e r-
t r e t e r f ü r d i e G e r i c h t s b a r k e i t", ist auch wahrscheinlich dem wirklichen Sachverhalte entsprechend; es
lassen sich wenigstens einige Wahrscheinlichkeitsgründe
auch für die Richtigkeit dieser Tradition anführen. Es
ist wohl kein Zweifel, dass einst die spartanischen Könige
die Gerichtsbarkeit besassen, wie die Könige Homers
und Hesiods, und dass sie dieselbe an die Ephoren verloren haben. Zur Zeit Herodots besassen die Könige
nur noch einige Reservatrechte; es lässt sich aus diesen
schliessen, wie ich später ausführen werde, dass die Civilgerichtsbarkeit eines der ältesten Aemter der Ephoren
sei. Da auch wahrscheinlich ist, dass wirklich Theopomp
das Ephorat einsetzte, so ist es auch wahrscheinlich, dass
sie schon damals mit diesem Amte betraut wurden, um
so mehr, als wir auch sehen, dass die homerischen Könige
sich auch hie und da Stellvertreter für die Gerichtsbarkeit bedienen. Der Einwurf, dass nach Diodor [1]) schon
v o r Beginn des messenischen Krieges der Messenier

---

[1]) fragm. VIII. B. 7 (vgl. Paus. IV. 4. 8).

Polychares seine Klage über den Spartaner Euaephnos
in Sparta bei den Ephoren und Königen geführt
habe, ist werthlos, da hier doch eine Anticipation späterer Zustände klar hervortritt.

Die Tradition, „die Könige wählten die Ephoren",
ist gleichfalls homerischen Zuständen entsprechend. Wir
dürfen ferners annehmen, dass diese Tradition, wenn sie
nicht eine reale Basis hätte, nicht vorhanden wäre, da
sie gänzlich den spätern historischen Zuständen Griechenlands, in denen man nur eine Wahl durch das Volk oder
das Loos kannte, entgegen ist.

Die Tradition, „die Ephoren haben allmählig ihre
Gewalt erweitert", hat nachweisbar eine reale Basis.

Asteropos ist eine unbekannte Persönlichkeit.
Man kann nur daraus, dass er von Kleomenes genannt
worden ist, schliessen, dass er auf die Entwicklung des
Ephorats einen Einfluss genommen habe. Welchen Einfluss, ist nicht näher bestimmbar und die Ansichten der
Forscher hierüber nur Vermuthungen. Ob er der erste
Reformator war, wie Kleomenes angibt, bleibt dahinge-
stellt; so weit wird sich das Wissen des Kleomenes kaum
erstreckt haben.

Es lassen sich also wenigstens Wahrscheinlichkeitsgründe anführen, dass alle Punkte der Tradition eine
reale Basis haben. Zu diesem Nachweise ist noch wichtig
die Erörterung der Frage, ob sich wirklich eine Tradition
durch so viele Jahrhunderte unverändert erhalten könne?
Der Bericht des Kleomenes ist eben der jüngste unter
den noch vorhandenen über den Ursprung des Ephorats
und mehr als 500 Jahre nach dem angeblichen Ursprunge
aufgezeichnet worden. Die Tradition, die nach so vielen
Jahrhunderten in Sparta über Ursprung und Entwicklung des Ephorats herrschte, war ohne Zweifel sagenhaft
entstellt und verworren; wir kennen dieselbe jedoch
nicht; wir kennen nur die des sagenhaften entkleideten
kurzen Notizen, die Kleomenes zu erwähnen für zweck-

dienlich hielt. Diese können im gegebenen Falle auf
einer unverfälschten Tradition beruhen. Kleomenes gibt
uns jedenfalls jene Ueberlieferung, die sich in den königlichen Häusern und dadurch auch in den beiden grossen
königlichen Parteien, die in historischer Zeit immer in
Sparta nachweisbar sind, erhalten hat. Die Könige wurden jedoch unmittelbar und sehr empfindlich durch die
Ephorenmacht getroffen; sie hatten daher auch ein besonderes Interesse daran, dass es nicht in Vergessenheit
gerathe, dass die Ephorenmacht im Vergleiche zur königlichen einst sehr gering gewesen. Dieses Interesse begann von dem Augenblicke an, in dem die Könige zuerst
fühlten, dass die Ephoren ihrer Macht gefährlich seien
oder werden könnten, also als diese, ausgestattet mit
Theilen der königlichen Gewalt, von den Königen unabhängig wurden. Von dieser Zeit an mag in den Königshäusern die Erinnerung an das, was sie einst waren
und was die Ephoren einst waren, häufig reproduzirt,
von Geschlecht zu Geschlecht fortgepflanzt und daher
nicht bloss in der Familie, sondern auch in weitern
Kreisen der Vergessenheit entrückt worden sein. Je
früher man den Beginn der Ephorenmacht, also auch das
Erwachen jenes Interesses ansetzt, desto leichter und
treuer war die Erinnerung an den wirklichen Ursprung
des Ephorats und desto sicherer ist daher diese Tradition.
Sie musste dann wohl noch eine Menge Zwischenglieder
durchlaufen, bis sie an Kleomenes gelangte und durch
jedes derselben konnte die Tradition verändert oder absichtlich gefälscht werden. Letzteres ist, so weit es sich
um die Notizen des Kleomenes handelt, nicht leicht anzunehmen, da die Fälschung wohl nur zu Ungunsten der
Ephoren vollzogen worden wäre, Kleomenes jedoch die
ursprüngliche Stellung der Ephoren in einer Weise
schildert, dass sie nicht mehr glänzender hätte sein
können, wenn man voraussetzt, dass die Könige die
Ephoren selbst wählten. Er bezeichnet sie nämlich als

Stellvertreter der Könige, ausgestattet mit einem der
wichtigsten Hoheitsrechte, der Civilgerichtsbarkeit.

Es ist demnach auch aus diesen äusseren Gründen
nicht unwahrscheinlich, dass der Bericht des Kleomenes
glaubwürdig sei und eine reale Basis habe, da man annehmen kann, dass Kleomenes über den Ursprung des
Ephorats noch sicheres wissen k o n n t e und mit den
erwähnten Einschränkungen auch richtiges sagen w o l l t e.

Von Grote [1]) wurde zwar als Beweis dafür, dass
Kleomenes eigentlich über die Entwicklung des Ephorats sehr wenig wusste, jenes Argument angeführt, das
Kleomenes gebraucht, um die Richtigkeit seiner Behauptungen zu beweisen, nämlich, dass die Könige zweimal
sich weigern dürfen, vor den Ephoren zu erscheinen und
erst bei der dritten Citation zu gehorchen verpflichtet
seien. Grote schliesst eben daraus, dass Kleomenes nicht
durch einen bessern Beweis die Wahrheit seiner Behauptungen zu begründen sucht, dass er einen bessern
gar nicht wusste, ihm überhaupt über die Fortentwicklung und den Ursprung des Ephorats nichts mehr bekannt war. Er hält demnach die Behauptungen des
Kleomenes für eine blosse Idee desselben von dem, was
die ursprüngliche Constitution gewesen, modifizirt durch
die Gefühle seiner Zeit.

Es wird wohl Niemand von uns diesen sogenannten
Beweis des Kleomenes für einen wirklichen Beweis
halten. Weil jedoch Kleomenes denselben anwendet, so
muss man annehmen, dass er ihm eine Beweiskraft zu-
schrieb und glaubte, dass die Spartaner ihn als voll-
gültigen Beweis anerkennen werden. Es ist dies wohl
möglich, dass wir in einer Angabe keinen Beweis sehen,
in der die Spartaner einen erblickten; denn uns ist jedenfalls sehr vieles unbekannt, was den Spartanern bekannt
war. So konnten auch zur Zeit des Kleomenes Umstände,

---

1) Geschichte Griechenlands (Ueb. von Meissner) I. S. 667 fg.

die uns jetzt unbekannt sind, vorhanden gewesen sein,
durch die sein Argument Beweiskraft erhielt. Solche
unbekannte Umstände können natürlich verschieden sein.
Ich will einen der möglichen Fälle anführen.

Die Gesetzgebung der Alten war ohne Zweifel ganz
verschieden von der modernen, in der fremde Gesetze
zum Vergleiche oder Muster vorliegen, in der auf alle
möglichen, in der Zukunft eventuell eintretenden Fälle
im vorhinein Rücksicht genommen werden kann. In
Sparta wurden ohne Zweifel Gesetze nur gegeben, wenn
ein besonderes Bedürfniss hiezu vorlag, ein bestimmter
Einzelfall zur Erlassung eines Gesetzes nöthigte. Solch
ein Einzelfall mag auch zur Entstehung des von Kleomenes erwähnten Gesetzes beigetragen haben. Es mag
irgend ein König, unter Hinweisung, dass es kein Gesetz gebe, das die Könige verpflichte, vor den Ephoren
zu erscheinen, zweien Citationen derselben den Gehorsam
verweigert haben und dies mag die Spartaner bewogen
haben, die bestehende Lücke im Gesetze auszufüllen und
die bekannte abnorme Bestimmung zu treffen. Wenn
in diesem Falle Kleomenes annehmen konnte, dass der
Entstehungsgrund des Gesetzes, der bestimmte Einzelfall, noch in der Erinnerung des Volkes fortlebe, zu dem
er sprach — so war sein Argument ein wichtiger Beweis. Durch die blosse Erwähnung des Gesetzes erinnert
er an dessen Entstehungsart, zeigt, dass die Könige einst
den Ephoren den Gehorsam versagen konnten, dass
Gesetze, die sie hiezu verpflichten, später vom Volke gemacht wurden, dass die Ephorenmacht sich überhaupt
allmählig entwickelte.

Aus der ganzen Erörterung der Quellen ergibt sich
mir, dass alle, ausser Plutarchs Kleomenes, zur Entstehung des Ephorats gar nicht benützt werden sollen. Die
Quelle, die wir im Kleomenes besitzen, ist jedenfalls relativ die beste und mag Resultate mit einiger Wahrscheinlichkeit geben.

III. Grundlage zur Entwicklung des Ephorats.

Ueber die Fortentwicklung des Ephorats in der Zeit
vor den Perserkriegen besitzen wir nur zwei spärliche
Notizen. Einmal die Angabe des Kleomenes [1]: „der
Ephor Asteropos habe dem Ephorate zuerst eine grössere
Gewalt und Bedeutung gegeben". Dann die Angabe des
Diogenes von Laerte [2]: „Cheilon habe zuerst die Ephoren
den Königen an die Seite gestellt". Beide Notizen sind
so allgemein gehalten, dass man durch sie über die Entwicklung des Ephorats nichts erfährt, sondern dass sie
nur zu zahllosen Vermuthungen Anlass geben. Es bleibt
daher, wenn man nicht auf die Entwicklungsgeschichte
verzichten will, nichts übrig, als die Lücken durch Hypothesen oder Rückschlüsse aus den Zuständen der spätern
Zeit auszufüllen. Hiezu müssen die Grundlagen sicher,
die Quellen, die man benützt, verlässlich sein. Ich werde
demnach hauptsächlich den ältesten der grossen Geschichtsschreiber, Herodot, so weit er verlässlich ist, d. h., so
weit er die Geschichte unmittelbar vor seiner Zeit, in der
er die berichteten Thatsachen noch durch Augenzeugen
erfahren haben konnte, beschreibt, hiezu benützen. Natürlich ist auch hier noch eine Kritik nöthig, umsomehr,
als Herodot nicht besonders kritisch zu Werke geht und
es auch nicht versteht, aus mehreren widersprechenden
Nachrichten die richtige herauszufinden. Es treten sehr
häufig sagenhafte Ausschmückungen, unhistorische Details und blosse Ideen des Schriftstellers auch in dieser

---

1) Plut. Kleom. C. 10. – 2) Diog. L. Cheilon I. 68.

Zeit hervor; sie sind jedoch leicht als solche erkennbar.
Für meine Aufgabe ist sehr wichtig die Entscheidung
der Frage, ob jene Staatsgeschäfte, die in einem bestimmten
Einzelfalle Herodot durch die Könige verrichten lässt,
auch wirklich von diesen oder von den Ephoren ver-
richtet wurden und umgekehrt, wenn er die Ephoren
thätig sein lässt, ob nicht die Könige, oder Ephoren und
Könige handelten? Hier ist vor allem zu berücksichtigen,
dass zur Zeit Herodots die Ephoren ununterbrochen alle
Staatsgeschäfte lenkten und dass die Tradition, wenn sie
die Thatsachen ändert, dieselben unbewusst nach den
eben bestehenden Zuständen umändert. Wenn daher
Herodot die Könige vor den Perserkriegen viele Staatsgeschäfte verrichten lässt, so ist diese Angabe, eben weil
sie im Widerspruche steht mit den Zuständen seiner
Zeit, sehr glaubwürdig; wenn er aber auch den Ephoren
schon zu jener Zeit einen grossen Antheil zuschreibt, so
kann dies richtig sein, es kann aber auch eine Antizipation späterer Zustände, der Zustände der Zeit Herodots sein.

Ich werde nun vor allem untersuchen, in welchem
Verhältnisse Königthum und Ephorat in der
Zeit unmittelbar vor und während den Perserkriegen zur
Zeit der Regierung des Königs Kleomenes I. (c. 520 bis
488) standen. Auf dieser sichern, durch eine verlässliche
Quelle gewonnenen Grundlage fussend, werde ich dann
Rückschlüsse auf die hier in Frage stehenden Verhält-
nisse in der vorausgehenden Zeit ziehen.

Nach der Darstellung Herodots erscheint der König
Kleomenes I. (c. 520—488) im unbeschränkten Besitze
der Exekutivgewalt, unbeschränkt durch die Ephoren oder
eine andere Behörde. Das mag aus folgendem resultiren:

Der Tyrann Maeandrios von Samos wurde um 516
von den Persern verdrängt, begab sich nach Lakedaemon und wollte den Kleomenes bestechen, um mit spar-
tanischer Hülfe wieder zur Herrschaft zu gelangen.

Kleomenes aber begab sich zu den Ephoren und sagte: es sei besser, den samischen Fremdling aus dem Peloponnes zu entfernen, damit er nicht ihn selbst oder irgend einen andern Spartiaten zu einer Schlechtigkeit verleite. Diese gaben ihm Gehör und verjagten den Maeandrios durch öffentlichen Heroldsausruf [1]). Ferners berichtet Herodot, dass Kleomenes mit den Gesandten der Skythen, die mit Sparta einen Waffenbund gegen die Perser abschliessen wollten, sehr viel verkehrte [2]); jedoch nie, dass auch andere Behörden die Gesandten empfingen. Ferner: Um 510 kam Aristagoras von Milet nach Sparta, um die Spartaner zur Unterstützung des Abfalls der Joner zu bewegen. Er unterhandelte in Sparta nur mit Kleomenes. Am dritten Tage, den ihm der König zur endgültigen Entscheidung ansetzte, gab er ihm eigenmächtig den Befehl, Sparta vor Sonnenuntergang zu verlassen. Aristagoras versuchte nun sein Glück nicht mit den Ephoren, sondern verlangte als Schutzflehender nochmals Gehör vom Könige und suchte nun denselben zu bestechen. Als auch diese Versuche nichts fruchteten, verliess er sogleich, „fortgewiesen von Kleomenes [3])", Sparta und begab sich nach Athen [4]). In Athen war er glücklicher, was den Herodot zur Bemerkung veraulasste, „viele sind leichter zu beschwatzen, als einer, da er den einzigen Kleomenes nicht zu beschwatzen vermochte, wohl aber 30.000 Athener [3])".

Die Plataeer, von den Thebanern bedrängt, wollten sich dem Kleomenes und den Lakedaemoniern, die gerade damals sich in der Nähe befanden, übergeben; diese aber lehnten es ab und riethen ihnen, sich den Athenern zu übergeben [5]).

Nach Herodot führt also alle Unterhandlungen mit fremden Gesandten der König; die Gesandten

---

1) Herod. III. 148. — 2) VI. 84. — 3) V. 97. — 4) V. 49—55. — 5) VI. 108.

wenden sich auch nur an ihn und er entscheidet über
die wichtigsten Fragen selbständig, ohne eine andere Behörde, oder die Volksversammlung zu fragen. Daneben
gab es aber doch auch eine Behörde in Sparta, die über
auswärtige Angelegenheiten entscheiden konnte, die „οἱ
ἄρχοντες". Diese tritt in dieser Eigenschaft während der
Regierung des Kleomenes nur einmal auf, im Jahre 490,
zu einer Zeit, in der sich Kleomenes wahrscheinlich in
Arcadien aufhielt, da er aus Sparta geflohen war, als bekannt wurde, dass er das delfische Orakel bestochen
habe. Die Athener schickten, als die Perser in Mara-
thon landeten, einen Schnellläufer nach Sparta, der vor
die „ἄρχοντες" trat mit der Bitte um Beistand gegen die
Perser. Sie sagten zu [1]).

Eine natürliche Folge des Rechtes, mit auswärtigen
Gesandten zu unterhandeln und selbständig endgültige
Entscheide zu geben, ist es, wenn Herodot dem Könige
das Recht zuschreibt, Kriege zu beginnen, gegen wen
er wolle. Er erwähnt bei der Aufzählung der Rechte,
die die spartanischen Könige noch zu seiner Zeit besitzen,
auch das Recht: „sogar Krieg anzufangen gegen welches
Land sie nur immer wollten, und daran sollte sie kein
Spartiate hindern dürfen, widrigenfalls derselbe eine
schwere Schuld auf sich lade [2])".

Nicht nur dem Wortlaute, sondern auch dem Zu-
sammenhange nach kann diese Stelle nur dahin ausge-
legt werden, dass Herodot den Königen das Recht beimisst,
einen Krieg zu beginnen gegen wen sie wollten und dass
sie hierin kein Spartiat hindern dürfe. Die gewöhnliche
Auslegung, die Könige hätten blos das Recht gehabt,
das Heer anzuführen, wenn die Volksversammlung den
Krieg beschlossen habe, ist ganz unstatthaft und darf

---

1) Herod. VI. 105. 106. — 2) VI. 56. καὶ πόλεμόν γε ἐκφέρειν
ἐπ' ἣν ἂν βούλωνται χώρην, τούτου δὲ μηδένα εἶναι Σπαρτιητέων διακω-
λυτὴν εἰ δὲ μὴ αὐτὸν ἐν ἄγεϊ ἐνέχεσθαι.

nicht angewendet werden, um die Stelle mit den aufgebauten unsichern Hypothesen in Einklang zu bringen. Das hiesse Sicheres dem Unsichern Preis geben. Durch diese Auslegung wäre man auch gezwungen, mehrere andere Stellen Herodots zu fälschen, oder dem Wortlaute entgegen auszulegen, da er den Kleomenes die Kriege immer eigenmächtig beginnen lässt, was aus folgendem erhellt:

In Athen begann nach der Vertreibung der Pisistratiden (um 509) ein innerer Parteikampf zwischen Isagoras und dem Alkmaeoniden Klisthenes. Isagoras mit seiner Partei unterlag, deshalb rief er seinen „Gastfreund" Kleomenes, der auch in Verdacht eines nähern Umganges mit der Frau des Isagoras stand, um Hülfe an. Kleomenes sandte zuerst einen Herold und liess den Klisthenes und viele andere Athener aus Athen ausweisen. Obwohl Klisthenes freiwillig Athen verliess, kam doch Kleomenes mit einem kleinen Heere, verjagte 700 Familien, wurde aber bald von den Athenern vertrieben. Kleomenes aber, der sich von den Athenern durch Wort und That verhöhnt wusste, sammelte ein Heer aus dem ganzen Peloponnes, ohne anzugeben, zu welchem Zwecke er es sammle. Er drang in Eleusis ein. Bevor es aber zur Schlacht kam, verliessen die Corinther das Heer, hierauf auch Demaratos, der zweite spartanische König, mit einem Theile des Heeres [1]) und da dadurch sichtbar war, dass die beiden Könige uneinig seien, auch alle übrigen Bundesgenossen. Kleomenes musste daher mit dem Reste des spartanischen Heeres auch zurückkehren [2]).

Ganz selbständig beginnt also hier nach Herodot Kleomenes seine Kriege. Beim ersten Zuge nach Athen erwähnt er ausdrücklich die persönlichen Beziehungen zwischen Isagoras und Kleomenes, die wohl letztern, nach

---

1) Herod. VI 64. — 2) ibid. V. 70—76 vgl. Thuk. I. 126.

der Ansicht Herodots, zur Unterstützung des erstern bewogen haben. Beim zweiten Zuge lässt er den Kleomenes das Heer aus dem ganzen Peloponnes sammeln,
ohne Angabe, gegen wen der Krieg geführt werde. Ein
von den Spartanern beschlossener Krieg konnte dieser
Zug nicht gewesen sein, sonst hätte es Demaratos wohl
nicht wagen können, fahnenflüchtig zu werden. Nach
der Darstellung Herodots haben jedoch nicht die Könige
allein das wichtige Recht über Krieg und Frieden. Auch
das Volk konnte, wenn es wollte, einen Krieg beschliessen.
Solch ein Krieg war der gegen die Pisistratiden, den
die Lakedaemonier auf Befehl des bestochenen delfischen
Orakels unternahmen [1]. Ferners riefen die Spartaner
eine Versammlung der Bundesgenossen ein, um den
Hippias wieder als Tyrannen in Athen einzusetzen [2].

Auch die andern Staatsangelegenheiten, die
Herodot erwähnt, ordnet Kleomenes immer selbständig;
so in folgenden Fällen:

Vor den drohenden Perserkriegen einigten sich die
Athener und Spartaner zum Widerstande. Die Insel
Aegina gab jedoch dem Könige Darius die Zeichen der
Unterwerfung. Deshalb klagten die Athener in Sparta
dieselben als Verräther an Hellas an. Auf diese Klage
ging Kleomenes, wie sich aus Herodot ergibt, eigenmächtig, nicht im Auftrage des Staates, nach Aegina,
um die Schuldigsten zu ergreifen [3]. Da sein Versuch
missglückte, geht er, nach Beseitigung seines Mitkönigs
Demaratos, mit dem neuen Könige Leotychides zum
zweitenmale nach Aegina, erhält Geisseln und liefert dieselben den Athenern, den Feinden der Aegineten, aus [4].
Weniger auffallend ist, wenn er während eines Krieges
als unumschränkter Herr auftritt. Er zwingt die Aegineten, zu einem Zuge gegen Argos Schiffe beizustellen [5].

---

1) V. 63 fg. — 2) V. 91 fg. — 3) VI. 49—50. — 4) VI. 73—74.
— 5) VI. 92.

In demselben Kriege liess er viele Argiver auf hinter-
listige und rechtlose Weise ermorden und die Priester
im Heratempel geisseln [1]).

Wenn auch die Könige somit eine grosse die wichtigsten Rechte umfassende Macht besassen, so waren sie
doch für die Ausübung derselben nicht unverantwortlich. Wie es scheint, konnte sie jeder Spartiate
anklagen. Angeklagt wurden sie bei den Ephoren. Auch
Kleomenes wurde nach seinem Zuge gegen Argos von
seinen Feinden bei den Ephoren belangt, dass er deshalb Argos nicht eingenommen habe, weil er bestochen
worden sei [2]). .

Die Ephoren stehen unter Kleomenes ganz in
dem Hintergrund. Nur in folgenden drei Fällen werden
sie erwähnt. Kleomenes benützt sie einmal zu einem
untergeordneten Dienste, zur Ausweisung des Maeandrios
aus Sparta [3]). Bedeutender treten sie einmal insofern
auf, als der König Kleomenes bei ihnen angeklagt wird.
Endlich werden die „οἱ ἄρχοντες“, unter denen an dieser
Stelle jedenfalls die Ephoren zu verstehen sind, als Vertreter des Staates erwähnt, zur Zeit als Kleomenes aus
Sparta flüchtig war. Vollständig ändern sich jedoch nach
der Darstellung Herodots diese Verhältnisse nach dem
Tode des Kleomenes. Die Könige treten nun plötzlich
in den Hintergrund und die Ephoren erscheinen als
die Lenker des Staates. Dieser Zustand erhält sich bis
zum Untergange des Ephorats unter Kleomenes III.

Nach der Darstellung Herodots waren also zur Zeit
der Regierung des Königs Kleomenes I. die Macht-
verhältnisse zwischen den Königen und Ephoren
kurzgefasst folgende:

Die Könige sind die Vertreter des Staates nach
aussen, führen die Verhandlungen mit den Gesandten,
haben das Recht, Kriege zu beginnen, sind jedoch für

---

1) VI. 78—81. — 2) VI. 82. — 3) III. 148.

ihre Handlungen verantwortlich. Die Ephoren sind Vertreter des Staates in ganz bestimmten Fällen; nachweisbar, wenn ein König eines Verbrechens angeklagt wird und wenn ein König wegen eines Verbrechens sich aus Sparta flüchtete. Nach dem Tode des Kleomenes sind die Ephoren dauernd die Vertreter des Staates. Unter Kleomenes sind sie also in Bezug auf die äussern Angelegenheiten zeitweilig Stellvertreter der Könige, nach Kleomenes sind sie es dauernd. Es kann nach der Darstellung Herodots kein Zweifel sein, dass diese abnormen Verhältnisse gesetzlich geregelte waren und es ist selbstverständlich, dass die gesetzliche Regelung schon in der Zeit vor Kleomenes stattgefunden haben muss.

Meine nächste Aufgabe ist es nun, diese Gesetze aufzufinden, zu untersuchen, in welchen Fällen die Könige und in welchen die Ephoren befugt waren, als Vertreter des Staates aufzutreten und daraus die Ursachen der Wechselherrschaft zu erforschen.

Aus der Darstellung Herodots geht als unzweifelhaft hervor, dass die Könige nur dann als gesetzliche Vertreter des Staates aufzutreten befugt waren, wenn sie einig waren oder vielleicht richtiger gesagt, wenn ein König den Verfügungen des andern nicht entgegen war. Belegstellen hiezu sind folgende:

Kleomenes ging auf die Klage der Athener, dass die Aegineten dem Perserkönige Darius die Zeichen der Unterwerfung gegeben haben, nach Aegina, ohne Begleitung des andern Königs Demaratos, um die Schuldigsten zu ergreifen. Die Aegineten weigerten sich, einen der Ihrigen wegführen zu lassen, unter dem Vorwande: Kleomenes thue das nicht im Namen des spartanischen Gemeinwesens, sondern von den Athenern bestochen; sonst würde er zugleich mit dem andern Könige kommen, sie zu ergreifen. Kleomenes zog hierauf ab [1]); er sucht jedoch nicht einen speziellen Auf-

---

[1]) VI. 50.

trag gegen Aegina etwa durch die Volksversammlung
zu erhalten, sondern er trachtet den König Demaratos,
der sich geweigert hatte, mit ihm nach Aegina zu gehen
und schon längere Zeit mit ihm nicht einig war, zu beseitigen und dafür einen andern König auf den Thron
zu bringen, der ihm im vorhinein versprach, mit ihm
einträchtig zu handeln. Ein willkommener Anlass zur
Beseitigung des Demaratos war dem Kleomenes ein Ausspruch des Ariston, des Vaters des Demaratos. Ariston
war noch nicht volle zehn Monate mit seiner Frau ver-
heiratet, als sie ihm den Demaratos gebar; deshalb rief
er bei der Nachricht der Geburt desselben, einen Schwur
beifügend, aus: „Der kann nicht von mir sein“. Diesen
Ausruf benützte jetzt Kleomenes; er schloss mit Leotychides, der aus demselben Hause wie Demaratos stammte,
einen Vertrag, dass derselbe, wenn er ihn an Demaratos
Stelle zum Könige mache, mit ihm nach Aegina
gehen wolle. Leotychides, der einstimmte, legte nun
auf Betreiben des Kleomenes einen Eid ab, dass Demaratos nicht in der Ordnung König der Spartiaten sei,
da er nicht Aristons Sohn sei und führte hierauf die
Klage durch, indem er sich auf den Ausspruch Aristons
bei der Geburt des Demaratos berief. Auf Betreiben
des Kleomenes wurde die Entscheidung dem delfischen
Orakel übertragen, das Kleomenes schon bestochen hatte
und welches daher erklärte, dass Demaratos nicht Aristons
Sohn sei. Er wurde nun abgesetzt und Leotychides
König [1]. Nun hatte Kleomenes einen König, der mit
ihm einig war. Sogleich ging er jetzt mit Leotychides
gegen die Aegineten vor. „Da beide Könige wider
sie kamen, fanden es auch die Aegineten nicht mehr für
angezeigt, sich zu widersetzen. Die beiden Könige
wählten aus den Aegineten 10 Männer aus und übergaben sie den Athenern, den Hauptfeinden derselben,

---

1) VI. 61—67.

als Geisseln [1])". Nach dem Tode des Kleomenes klagten die Aegineten in Sparta gegen Leotychides wegen der in Athen gefangenen Geisseln. Die Lakedaemonier hielten Gericht über Leotychides und verurtheilten ihn, nach Aegina ausgeliefert zu werden. Dort forderte man von ihm, dass er nach Athen gehe und die Geisseln wieder zurückbringe. Er forderte nun in Athen dieselben zurück, aber die Athener erklärten, ihre zwei Könige hätten sie in Verwahrung gegeben; daher fänden sie es auch nicht recht, dieselben einem ohne den andern herauszugeben [2]).

Nachdem Kleomenes, wie erwähnt, das Heer, das er zur Züchtigung der Athener aus dem ganzen Peloponnes, ohne anzugeben, wozu, gesammelt, nach Eleusis geführt hatte, ging, bevor es zur Schlacht kam, der andere König Demaratos vom Heere weg. Herodot sagt nun: „als dort in Eleusis die übrigen Bundesgenossen sahen, wie die Könige der Lakedaemonier uneins waren und die Korinther die Reihen verlassen hatten, zogen auch sie sofort nach Hause [3])."

Es legt endlich überhaupt Herodot ein grosses Gewicht auf die Einigkeit der beiden Könige. Bei der Erwähnung des Zwistes vor Eleusis fügt er bei: „Demaratos war in der frühern Zeit nie mit Kleomenes uneinig".

Aus diesen Stellen geht hervor, dass die spartanischen Könige, nur wenn sie einig waren, als Vertreter des spartanischen Staates betrachtet wurden. Dies setzt voraus, dass schon in der Zeit vor Kleomenes ein Gesetz gegeben wurde, das die Einigkeit der Könige zu allen Regierungshandlungen forderte, und in diesem Falle, wenn sie einig waren, scheinen sie auch eine fast unbeschränkte Gewalt gehabt zu haben. Es ist wohl fast selbstverständlich, dass solch ein Gesetz gegeben

---

[1]) VI. 73—74. — [2]) VI. 85—86. — [3]) V. 74—75.

werden musste; denn eine längerdauernde Uneinigkeit
oder gar ein gegenseitiges Entgegenwirken der beiden
Könige hätte den Staat rasch dem Verfalle entgegen-
bringen müssen. Eine Folge der Uneinigkeit der beiden
Könige tritt unter Kleomenes offen hervor. Das ganze
grosse peloponnesische Heer löst sich in Folge des Ab-
zuges des Demaratos auf. Die Spartaner werden dadurch,
um ähnliche Folgen für die Zukunft zu beseitigen, gezwungen, das alte Herkommen abzuändern und am alt-
hergebrachten göttlichen Kulte zu rütteln, durch das
Gesetz, dass in Zukunft nur noch ein König mit dem
Heere ausziehen dürfe und daher auch ein Tyndaride,
einer der mit dem Doppelkönigthum in innigster Verbindung gedachten Zwillingsgötter, zu Hause bleiben
müsse. Es ist aber auch begreiflich, dass, mit Rücksicht
auf die Macht der Könige, wie sie noch unter Kleomenes
hervortritt, noch viel verderblichere Folgen für den Staat
in gewissen Fällen eintreten konnten, als der angegebene,
besonders wenn der Zwist ein langdauernder war.

Die nächste Frage ist nun, wer war der Vertreter
des Staates, wenn die Könige wirklich gegen das Gesetz
uneinig waren, da ja sie nur dann als Vertreter des
Staates galten, wenn sie einig waren? Es ist klar, dass
von den Spartanern frühzeitig auch für diesen Fall vor-
gesorgt werden musste; es musste entweder das Doppelkönigthum ganz beseitigt, oder die Macht der Könige
dauernd und so empfindlich beschränkt werden, dass
selbst ein Zwist der Könige dem Staate keine Gefahr
mehr bringen konnte, oder endlich, es mussten die königlichen Befugnisse blos zeitweilig beschränkt werden, so
lange die Uneinigkeit dauerte, es mussten für diese Zeit
Stellvertreter der Könige geschaffen werden, die mit
königlicher Gewalt ausgerüstet zeitweise die Regierung
führten und demnach auch während dieser Zeit über den
Königen standen. Die Spartaner entschlossen sich, bei
ihrer Abneigung das Alte gründlich zu beseitigen, zur

Dum, Ephorat. 5

Stellvertretung, wie aus den erwähnten Stellen Herodots
hervorgeht. Als diese zeitweiligen Stellvertreter der
Könige, so lange diese uneinig waren, erscheinen die
Ephoren. Wir müssen demnach einen Wechsel in der
Herrschaft in Sparta annehmen, der durch ein Gesetz
schon in der Zeit vor Kleomenes geregelt wurde. Die
Könige herrschen, wenn sie einig sind; die Ephoren
herrschen, wenn die Könige uneinig sind.

Dieser Wechsel der Herrschaft zwischen beiden lässt
sich auch durch andere Quellen nachweisen.

Der Verfasser des „Staates der Lacedaemonier" berichtet über einen Eid, den sich zu seiner Zeit noch
monatlich die Könige und Ephoren gegenseitig leisteten:
„Die Könige und Ephoren leisten sich einander monatlich Eide; die Ephoren im Namen des Staates, der König
für sich. Der Eid des Königs besteht darin, dass er
nach den Gesetzen des Staates regieren wolle; der im
Namen der Stadt aber, dass die königliche Herrschaft
(βασιλεία), wenn jener bei dem Eide bleibe, unerschüttert
(ἀστυφέλικτος) erhalten werde [1]".

Es ist auch in diesem alten Eide klar der Wechsel
der Herrschaft ausgesprochen. Der König herrschte
unbeschränkt durch die Ephoren, so lange er nach den
Gesetzen des Staates, zu denen auch das über die Einigkeit der Könige gehört, regiert. In den übrigen Fällen
herrschen die Ephoren. Der Eid passte gar nicht mehr
für die spätere Zeit, in der er noch geleistet wurde.
Durch mehr als ein Jahrhundert hindurch hatte sich die
Herrschaft der Ephoren schon eingebürgert und eingelebt; eine plötzliche Herrschaft der Könige, wenn sie
auch gesetzlich gewesen wäre, wäre kaum ohne innere
Erschütterungen möglich geworden. Der Eid muss daher
in einer Zeit entstanden sein, in der er noch eine praktische Bedeutung hatte, in der der Wechsel der Herr-

---

[1] Xenoph. de republ. Lac. 15. 7.

schaft auch thatsächlich noch stattfand, also in der Zeit
vor dem Tode Kleomenes I.

Einen zweiten wichtigen, bis jetzt wohl allzusehr
vernachlässigten Beleg liefert uns Plutarch in der Lebens-
beschreibung des Königs 'Agis III. Während der Regierung der Könige Agis und Kleombrotos wurden zwei
Ephoren nach Ablauf ihrer Amtszeit von den neuer-
nannten Ephoren wegen ihrer Amtsführung angeklagt.
„Da nun jene sich in Gefahr sahen, so suchten beide
die Könige zu bewegen, dass sie fest zusammenstünden
und sodann sich um alle Beschlüsse der Ephoren nichts
kümmern sollten; denn diese Behörde sei mächtig aus
der Uneinigkeit der Könige, indem sie demjenigen,
der das bessere will, beistimmt, wenn der andere gegen
den Vortheil (des Staates) ankämpft; aber die Herrschaft
beider Könige sei endgültig, wenn sie dasselbe wollen
und dann würden die Ephoren gesetzwidrig gegen die
Könige ankämpfen. Nur wenn diese in Streit sind, gebührt ihnen, Schiedsrichter zu sein und zu entscheiden,
wenn sie aber einstimmig sind, haben sie sich nicht viel
zu kümmern [1]“. Diese Quelle stammt wohl erst aus
dem dritten Jahrhunderte v. Chr. und es ist auch nicht
zu läugnen, dass hier die gewesenen Ephoren im eigenen
Interesse sprechen. Jedoch durch alles dieses wird in
diesem Falle der Werth der Quelle wenig gemindert.
Man muss eben berücksichtigen, dass die Ephoren die
beiden Könige überzeugen wollten. Man wird niemanden durch eine offene Lüge überzeugen können, sondern
nur durch Gründe, die derselbe als richtig anerkennt.
Es mussten also die Könige schon im vorhinein wissen,
dass die Herrschaft der Ephoren ungesetzlich sei, wenn
sie einig seien; wenn sie dies erst durch die Ephoren
erfahren hätten, hätten sie es als eine von denselben
ersonnene Lüge betrachten müssen. Wir haben es daher

[1) Pl. Agis c. 12.

hier wohl mit einer den Königen wie Ephoren bekannten
gesetzlichen Bestimmung zu thun, die vielleicht
schriftlich aufgezeichnet war, jedenfalls aber, von seiner
Entstehung an, von den beiden davon berührten Gegen-
parteien, den Königen und Ephoren, nie vergessen wurde.
Deshalb ist es auch gleichgültig, ob sie uns von einem
frühern oder spätern Schriftsteller überliefert wird. Freilich war auch eine eindringliche Ueberredung und von
Seiten der Könige ein grosser Muth erforderlich, die
Wiederbelebung eines Gesetzes zu versuchen, das durch
mehr als zwei Jahrhunderte in Vergessenheit geblieben
und eine That zu wagen, die man im Falle des Miss-
lingens voraussichtlich mit dem Leben bezahlen musste,
während doch nur das formelle Recht dafür geltend gemacht werden konnte.

Dem Nachfolger Agis III. aus dem andern Hause,
Kleomenes III., war gewiss dieses Gesetz auch bekannt.
In seiner Entschuldigungsrede erwähnte er dasselbe natürlich nicht, weil er an das Doppelkönigthum, an die
gesetzliche Einigkeit der beiden Könige hätte erinnern
müssen, weil vielmehr nach diesem Gesetze seine Herrschaft ungesetzlich war, da kein zweiter König vorhanden, die der Ephoren hingegen gesetzlich war. Eine
Andeutung dieses Gesetzes finden wir auch in der Bio-
grafie dieses Kleomenes: „Die Ephoren legten dem
Kleomenes wegen weiterer Feldzüge Hindernisse in den
Weg. Desswegen beeilte er sich, den Bruder des Agis,
Archidamos, der von dem andern regierenden Hause ein
Thronrecht besass, aus Messenien herbeizurufen, weil er
glaubte, dass die amtliche Gewalt der Ephoren
ihre Schneide verlieren würde, sobald das Königthum wieder ins rechte Gleichgewicht komme und vollständig werde [1]".

Das Motiv, das der Schriftsteller angibt, mag wohl

---

[1] Plut. Kleom. c. 5.

blosse Ansicht dieses, nicht des Kleomenes gewesen sein,
ist aber auch dann nicht ohne Werth.

Nach dem Gesagten müssen wir annehmen, dass die
Herrschaft zwischen den Königen und Ephoren wechselte,
je nachdem erstere einig waren oder nicht. Die Ursache
dieser abnormen Staatseinrichtung liegt in der in Sparta
vorhandenen abnormen Erscheinung des Doppelkönigthums, aus dem nothwendig eine Uneinigkeit der Könige
folgen musste.

Wenn wirklich die Herrschaft zwischen den Königen
und Ephoren wechselte, je nachdem erstere einig waren
oder nicht, so muss auch jetzt noch der Beweis geführt
werden können, dass in der That, so oft die K ö n i g e
h e r r s c h t e n, dieselben e i n i g, und so oft die E p h o -
r e n herrschten, jene u n e i n i g waren; und da vom Tode
des Königs Kleomenes I. an eine dauernde Ephorenherrschaft war, dass von da an die beiden Königshäuser
auch d a u e r n d u n e i n i g waren.

Unter den Vorgängern der Könige Kleomenes I.
und Demaratos, unter Anaxandridas und Ariston (c. 560
bis 520) war die Herrschaft nach den wohl nicht sicheren
Quellen durchaus in den Händen der Ephoren. Herodot
schreibt den Königen keine einzige Regierungshandlung
ausdrücklich zu, sondern gebraucht bei allen auswärtigen
Staatsangelegenheiten den farblosen Ausdruck „Die Lakedaemonier". Die Lakedaemonier nehmen den von den
Gesandten des lydischen Königs Kroesos angebotenen
Waffenbund an [1]), sie weisen die Gesandten der Joner
und Aeoler ab, sie schicken Gesandte an den Perser-
könig Kyros [2]) u. s. w. Aber auch die ἄρχοντες werden
erwähnt. Diese gewähren den vom Tyrannen Polykrates
von Samos vertriebenen Samiern die erbetene Hülfe [3]).
Endlich nennt er auch die Ephoren direkt und lässt sie
entschieden hervortreten in folgenden Stellen:

---

1) I. 69—70, 83. — 2) I. 152. — 3) III. 46.

Der König Anaxandridas bekam von seiner Frau
keine Kinder. Deshalb beriefen ihn die Ephoren
und sprachen: wenn du auch selbst für dich nicht sorgst.
so dürfen doch wir nicht dulden, dass das Geschlecht
des Eurysthenes aussterbe. Verstosse also deine jetzige
Frau und heirate eine andere, dann wirst du den Spartiaten
wohlgefallen. Der König weigerte sich. Darauf hielten
die Ephoren und Geronten Rath und sprachen hierauf zum Könige: Die Entlassung deiner Frau fordern
wir nicht, aber nimm noch eine zweite Frau dazu zur
Kindermutter; und dem widersetze dich nicht, damit
nicht die Spartiaten andere Dinge über dich
beschliesen. Der König gab nach und nahm eine
zweite Frau, die ihm bald den Kleomenes gebar. Nun
wurde aber auch die erste Frau schwanger. Die Verwandten der zweiten Frau behaupteten, sie prahle nur
und wolle ein Kind unterschieben. Deshalb bewachten,
als die Stunde der Geburt herankam, die Ephoren
herumstehend die gebärende Frau. Sie gebar den Dorieus[1]).
Auch der zweite König Ariston hatte zwei Frauen und
bekam keine Kinder. Er schickte daher die zweite weg
und nahm sich eine dritte, die ihm vor Ablauf der zehn
Monate einen Sohn, Demaratos, gebar. Ariston sass gerade auf seinem Stuhl mit den Ephoren bei-
sammen, als ihm ein Diener meldete, dass ihm ein Sohn
geboren worden sei. Da er aber die Zeit wusste, in der
er das Weib heimgeführt und an den Fingern die Monate
abzählte, rief er aus, einen Eidschwur beifügend: Der
kann nicht von mir sein. Das hörten die Ephoren.
indessen für den Augenblick machten sie nichts daraus. Später erkannte er den Demaratos als Sohn an[2]).
Die Ephoren halten also Sitzungen mit den Geronten,
Sitzungen mit den Königen, rufen den König vor sich,
der König muss sich den Beschlüssen der Ephoren und

---

1) V. 39—41. — 2) VI. 61—63.

Geronten beugen; sie überwachen im Interesse des Staates die Geburt eines Königssohnes und geriren sich überhaupt als Vertreter des Staates. Man könnte wohl dieses Hervortreten der Ephoren als eine Antizipation späterer Zustände betrachten. Doch in diesem speziellen Falle treten besondere Umstände ein, die die Angaben Herodots sehr glaubwürdig machen. Es handelt sich hier beim Auftreten der Ephoren durchaus um die für die Spartiaten so wichtige Thronfolgefrage. Die näheren Umstände bei der Geburt der Königssöhne mussten später bei der Wahl des Kleomenes, da auch Doricus den Thron beanspruchte, um 520 und bei der Absetzung des Demaratos um 491 in der Volksversammlung genau erörtert werden. Herodot konnte seine Nachrichten noch von Zeugen dieser Erörterungen erhalten haben. Damit waren wiederum andere Ereignisse, die Auswanderung des Dorieus, weil er als später geboren nicht König wurde, und die Flucht des abgesetzten Königs Demaratos zum Perserkönige verknüpft, — also lauter Umstände, die auf eine häufige Reproduktion und daher treues Festhalten dieser Ereignisse im Gedächtnisse schliessen lassen. Deshalb dürfen wir, wenn auch vielleicht Antizipationen und kleine Unrichtigkeiten in den Erzählungen Herodots vorkommen mögen, aus diesen jedenfalls so viel als sicher annehmen, dass unter Anaxandridas und Ariston die Ephoren wenigstens zeitweise als Vertreter des Staates auftraten. Es ist daher zu beweisen, dass in dieser Zeit die beiden Könige auch wenigstens zeitweise uneinig waren.

Herodot [1]) berichtet: „Die zwei Brüder Eurysthenes und Prokles sollen, als sie Männer wurden, ihre ganze Lebenszeit mit einander in Streit gewesen sein; und so gehe es auch bei ihren Nachkommen immerfort".

Die letztere Angabe ist jedenfalls ein Beleg dafür,

---

1) VI. 52.

dass zur Zeit Herodots die beiden Könige immer in Zw
waren; aber auch, dass zu seiner Zeit die Tradition
stand, dass die beiden Königshäuser seit undenklich
Zeiten immer in Zwist leben. Auch die ganze oben
wähnte Handlungsweise des Königs Kleomenes, der k
Mittel unversucht lässt, um einen mit ihm einigen Kö
zu erhalten, setzt voraus, dass ihm eine frühere Unein
keit der Könige sammt deren Folgen schon bekan
war. Endlich, glaube ich, ist es ganz natürlich, ja selb
verständlich, dass die beiden Könige immer in Str
waren. Es ist theoretisch wohl denkbar, dass zwei Kön
und nach ihnen die jedesmaligen Nachfolger, ausgestat
mit vollkommen gleicher Macht, neben einander ein
wirken können. Praktisch ist jedoch eine solche Ein
keit unmöglich, weil eben die Könige nicht Ideale, so
dern Menschen waren, mit menschlichen Leidenschaft
behaftet, die sie um so weniger beherrschen konnt
da auch ihr Bildungsgrad nicht besonders gross w
Es mussten Meinungsverschiedenheiten auftauchen,
nur dann ihr Ende finden konnten, wenn sich der ei
unter den Willen des andern beugte, oder ein vorläufig
Kompromiss zu stande kam, der immer wieder die Kei
zu einem neuen Zwiste enthielt. Wohl mag der Gedan
an das Wohl des Staates oft eine Einigkeit erzielt habe
aber eben wegen der Ungleichheit der menschlich
Charaktere wird auch hier meist nur ein Theil zur Nac
giebigkeit sich gezwungen gesehen und in diesem Fal
eben wegen der faktischen Unterordnung bei rechtlich
Gleichheit, ein Gefühl der Erbitterung Platz gegriff
haben. Wenn somit auch beide Könige theoretisch e
gleiche Macht hatten, so hatten sie dieselbe doch praktis
nicht. Ebenso ist es mit den Ehrenrechten. Theoretis
sollten beide gleich geehrt werden. Jedoch die Unte
thanen achten und rühmen je nach persönlicher Neigu
oder Verdienst den einen mehr als den andern. D
durch aber wurden in den Königen oft niedere Leide

schaften erregt; in dem einen Stolz und Uebermuth, in
dem andern Neid und Missgunst. Je persönlicher der
Zwist, desto erbitterter wird er; er artet in förmlichen
Hass aus, der sich von Geschlecht zu Geschlecht forterbt.
Wenn somit alte Schriftsteller von fortwährendem
Hader der spartanischen Könige sprechen und als die
Ursache des Zwistes den Neid und niedere Leidenschaften
anführen, so ist dies vollkommen glaubwürdig. Ich glaube
daher auch annehmen zu dürfen, dass die beiden Könige
Anaxandridas und Ariston oft im Zwiste lebten, wenn
auch nur das erwähnte indirekte Zeugniss Herodots hie-
für vorliegt.

Etwas genauer sind wir über die Regierung der
folgenden Könige Kleomenes und Demaratos unterrichtet.
Die erste Hälfte der Regierung dieser Könige bis c. 506,
bis Demaratos vom Heere vor Eleusis abzog, zeigt eine
fast unumschränkte Königsherrschaft, eine Unterbrechung
der Herrschaft durch die Ephoren ist nie nachweisbar.
Kleomenes benützt nur einmal die Ephoren zu einem
untergeordneten Dienste, zur Austreibung des Fremdlings
Maeandrios. Wenn in dieser Zeit die Lakedaemonier
einen Krieg gegen Athen beschliessen, so zeigt dies
keine Ephorenherrschaft an, sondern nur, dass auch die
Volksversammlung, nicht die Könige allein, einen Krieg
beschliessen konnte. Wenn Herodot [1]) in diesem Kriege
berichtet, die Lakedaemonier machten ihren König
Kleomenes zum Feldherrn, so ist dies vielleicht eine
unbewusste Antizipation späterer Zustände, da zu jener
Zeit nachweisbar noch beide Könige Anführer des Heeres
waren, schon aus religiösen Gründen, da auch die Bilder
der Tyndariden auf Kriegszügen mitgeführt wurden; es
ist aber auch nicht unwahrscheinlich, dass selbst zur Zeit,
als beide Könige ins Feld zogen, die Spartaner einen
zum eigentlichen Feldherrn bestimmten, da eben zwei

1) V. 64.

nicht leicht Befehle ertheilen können, ohne eine Verwirrung zu bewirken. Man kann also auch hierin nicht eine Beschränkung der Königsmacht erblicken. Da also in dieser Zeit Kleomenes unterbrochen im Besitze der vollen Königsherrschaft auftritt, so müssen wir auch schliessen, dass die beiden Könige in dieser Zeit immer einig waren.

Es meldet uns nun auch Herodot [1]) ausdrücklich, „dass Demaratos bis zum Abzuge vom Heere vor Eleusis nie mit dem Könige Kleomenes uneinig war".

Nach dem ausgebrochenen Zwiste ändert Herodot sofort die Darstellung. Es treten die Spartaner, Archonten und Ephoren mehr in den Vordergrund. Nur einmal um 501 sehen wir noch den Kleomenes vollständig als Vertreter des Staates. Dass er, solange er den Krieg gegen Argos führte, unbeschränkt vorgehen konnte, ist selbstverständlich. Nach dem Kriege wird er von seinen Feinden, den Parteigenossen des Demaratos, angeklagt und nun treten die Ephoren hervor. Nach dem Sturze des Demaratos fand er wieder einen König, der mit ihm einig war und nun sehen wir die beiden Könige in Aegina wieder als Vertreter der spartanischen Gemeinde. Während der darauf folgenden Flucht des Kleomenes um 490 herrschen die Archonten, d. i. die Ephoren, bis Kleomenes wieder von den Spartanern zurückberufen wurde, worauf er bis zu seinem Tode „auf dieselbe Art wie vorher" herrschte, d. i. einig mit Leotychides, fast unumschränkt.

Nach dem Tode des Kleomenes wird die Ephorenherrschaft dauernd. Das ist unbestritten, daher auch überflüssig, Belegstellen hiefür anzugeben. Ich gehe daher sogleich zum Beweise über, dass der dauernden Ephorenherrschaft entsprechend, auch die beiden Könige dauernd uneinig waren.

---

1) V. 75.

Ich habe schon erwähnt, dass Herodot berichtet, dass
die Nachkommen des Eurysthenes und Prokles fortwährend in Streit leben; dies gilt jedenfalls auch für jene
Nachkommen, für jene Könige Spartas. die zur Zeit
Herodots, also im 5. Jahrhunderte lebten.
Wie sich der etwas später lebende Xenophon (c. 445
bis c. 360) das Verhältniss der beiden Königshäuser
dachte, erhellt aus folgender Stelle: „Der König Agesilaus
frohlockte bei der Nachricht vom Tode des
andern Königs Agesipolis nicht, wie man glauben
sollte, weil er sein Gegner (ἀντίπαλος) gewesen, sondern er vergoss Thränen und sehnte sich nach seinem
Umgange. Denn die Könige wohnen zusammen, wenn
sie zu Hause sind, in demselben Gebäude. Dieser Agesipolis aber nahm gerne Antheil an den Reden des
Agesilaus über Jugendjahre, Jagen, Reiten und Lieb-
schaften; überdies bezeigte er, während sie zusammen-
wohnten, gegen ihn, als den ältern, wie billig viel
Achtung [1]“.

Xenophon betrachtet also die beiden Könige als
Gegner, er setzt es als selbstverständlich voraus, dass
sich ein König über den Tod des andern freue und erachtet es als nothwendig, die ihm abnorm dünkende
Erscheinung, dass Agesilaus nicht über den Tod seines
Mitkönigs frohlockte, durch die besonderen Charakter-
eigenschaften des Agesipolis näher zu motiviren. Er
setzt einen unversöhnlichen Hass zwischen den beiden
Königshäusern voraus.

Für die Entstehung und Fortdauer eines solchen
Hasses, der auch dann nicht wich, als die Macht des
Königthums durch die des Ephorats eben in Folge des
Hasses aufs empfindlichste getroffen wurde, der die Könige
bewog, lieber die Herrschaft des Ephorats zu ertragen,
als eine Einigung herzustellen, müssen tiefgehende Ur-

---

1) Xenoph. Hellenica V. 3. 20. (A. v. Dindorf).

sachen vorhanden gewesen sein. Wir wissen wohl, dass
die Ursache des Hasses Neid und Missgunst war, namentlich Neid auf den Ruhm des andern Königs; so ver-
läumdete Demaratos den Kleomenes, während sich dieser
in Aegina befand, bei den Spartiaten und wirkte ihm
in Aegina entgegen [1]. Agesipolis ahmte bei seinem Zuge
gegen Argos den früheren Zug des Agesilaus nach und
suchte noch näher zu den Mauern von Argos zu gelangen, als dieser kam, um denselben oder noch grössern
Ruhm als Agesilaus zu erndten [2]. Auch andere glückliche Heerführer wurden von den Königen beneidet.
Jedoch zur Erklärung eines so erbitterten Hasses sind
diese Ursachen nicht hinreichend.

Wir wissen, dass vom Tode des Kleomenes an bis
zum Ende des peloponnesischen Krieges sehr oft Könige
theils zum Tode, theils zu so hohen Geldstrafen verurtheilt wurden, dass sie dieselben gar nicht zahlen
konnten, weshalb sie meist in die Verbannung gingen.
Nach der Angabe des schon erwähnten Reisebeschreibers
Pausanias [3] bestand der Gerichtshof, der über einen
lakedaemonischen König urtheilen konnte, aus den 28
Geronten, den 5 Ephoren und dem Könige aus dem andern Hause. Diese Zusammensetzung ist zweifellos richtig.
Die Gerusie hatte ja über schwere Verbrechen zu urtheilen und selbstverständlich traten auch die Stellvertreter der uneinigen Könige in die Gerusie ein, da ja
sie die Voruntersuchung führten. Leider ist von den
gleichzeitigen Schriftstellern nie das Stimmenverhältniss
bei der Verurtheilung der Könige angegeben und auch
nie, ob der andere König für oder gegen die Verurtheilung seines Mitkönigs stimmte. Nur Pausanias berichtet
bei der Erwähnung der Gerichtssitzung, die über den
König Pausanias abgehalten wurde, dass für die Ver-

---

1) Herod. VI. 61. und 50. — 2) Xen. Hell. IV. 7. 5. —
3) Paus. III. 5. 2.

urtheilung der andere König Agis und 14 Geronten, die
andern 14 Geronten und die 5 Ephoren für die Freisprechung stimmten, dass also hier die Entscheidung ganz
in den Stimmen der 5 Ephoren lag, der andere König
jedoch den königlichen Kollegen verurtheilte. Ob man
dieses Stimmenverhältniss als richtig bezeichnen darf,
hängt wohl davon ab, ob Pausanias einen gleichzeitigen
Schriftsteller benützte.

Wir haben jedoch auch andere Angaben gleichzei-
tiger Schriftsteller, aus denen man folgern kann, dass
eine Verurtheilung eines Königs nicht erfolgen konnte,
wenn der andere König für die Freisprechung stimmte,
dass also, wenn ein König verurtheilt wurde, nur d e r
a n d e r e K ö n i g den Ausschlag gab. Für die Freisprechung konnten auch die Stimmen der Ephoren aus-
schlaggebend sein.

Einen Beleg hiefür bietet die Angabe Xenophons [1])
über die Freisprechung des spartanischen Harmosten
Sphodrias. Dieser machte, angeblich von den Thebanern
bestochen, einen Einfall ins attische Gebiet, weshalb ihn
die Ephoren als Kapitalverbrecher belangten; aus Furcht
erschien er nicht vor Gericht und trotzdem wurde er
freigesprochen. „Denn die F r e u n d e des Königs Kleombrotos, als A n h ä n g e r des Sphodrias, waren bereit, ihn
freizusprechen; aber sie fürchteten den Agesilaus und
d e s s e n F r e u n d e und die P a r t e i d e r M i t t e“. Es
kam daher alles darauf an, ob man den Agesilaus für
die Freisprechung gewinnen könne. Dieser liess sich
auf Bitten seines Sohnes hiezu bewegen. Nun wurde
Sphodrias wirklich freigesprochen, trotzdem er sich nicht
vor Gericht stellte, die meisten Spartaner von seiner
Schuld überzeugt waren und dies Urtheil für das ungerechteste hielten, das je in Sparta gefällt wurde. Xenophon
hält es, selbst in diesem Falle, für ganz selbstverständ-

---

1) Hellen. V. 4. 20—33.

lich, dass die Freunde des Agesilaus so abstimmen wie
er. Er lässt einen der Freunde des Sphodrias zu Etymocles sagen: „wollt ihr denn alle, ihr Freunde des
Agesilaus, dass Sphodrias das Leben verliere?" und
darauf den Etymocles erwiedern: „Nein, beim Zeus!
sollen wir denn anders handeln als Agesilaus?
Dieser sagt ja zu jedem, mit dem er spricht, immer das
Gleiche; es sei zwar undenkbar, dass Sphodrias nicht
schuldig sei; einen Mann aber, der als Kind, Knabe und
Jüngling sich stets durch alle Tugenden ausgezeichnet
habe, zum Tode zu verurtheilen, wäre eine grosse Härte ;
denn solcher Krieger bedürfe Sparta.

Wir können daraus schliessen, dass jedenfalls zur
Zeit Xenophons in der Gerusie drei Parteien waren,
zwei königliche, die mit beachtenswerther Parteidisciplin
immer, selbst gegen die bessere Ueberzeugung, sich unbedingt von ihrem Parteihaupte, einem der beiden Könige,
leiten liessen und die Partei der Mitte, die ihre Stimmen
vielleicht zersplitterte, oder sich von den Ephoren lenken
liess. Waren die beiden Könige einig, so waren es auch
ihre Parteien in der Gerusie und dadurch im Stande,
alles, selbst das ungerechteste, durchzusetzen; waren sie
uneinig, so lag die Entscheidung bei der Mittelpartei und
den Ephoren.

Die erwähnte Quellenangabe gilt wohl streng genommen nur als Beleg dafür, dass zur Zeit Xenophons
diese Parteiverhältnisse obwalteten. Jedoch eine so stramme
Parteidisciplin setzt voraus, dass sie seit langem bestehe;
es ist ferner wahrscheinlich, dass schon seit den ältesten
Zeiten die Gerusie fast durchaus aus Anhängern der
beiden Dynastien bestand, da ja nicht anzunehmen ist,
dass die Gerusie zur Zeit der Schwäche des Königthums
mehr monarchisch gesinnt war, als zur Zeit der Blüthe
der königlichen Macht. So lange die Könige die Geronten selbst wählten, wählten sie dieselben selbstverständlich aus ihren Anhängern. Aber auch nachdem die

Wahl derselben dem Volke übertragen worden war,
änderte sich die Physiognomie der Gerusie kaum wesentlich, da das passive Wahlrecht beschränkt blieb. Mehrere
Angaben des Aristoteles beweisen diese Beschränkung.
„Die Vornehmen" (οἱ καλοὶ κἀγαθοί), sagt er, „sind zufrieden wegen der Gerusie, denn dieses Amt (ἀρχή) ist
die Belohnung (ἆθλον) der Tüchtigkeit ¹)" (ἀρετή). Er
erblickt in der Gerusie das oligarchische Element des
Staates ²) und erwähnt ausdrücklich, dass nicht jeder aus
dem Volke gewählt werden konnte. Berücksichtigt man
jedoch auch, dass nachweisbar im Volke, soweit wir
Geschichtsquellen besitzen, immer zwei königliche Parteien existirten, so wird es wohl zur Gewissheit, dass
diese auch immer in der Gerusie vorhanden waren. Als
Belegstellen für die Existenz dieser Parteiverhältnisse in
Sparta mögen dienen:

„Kleomenes I. wird nach seinem argivischen Feldzuge von seinen Feinden bei den Ephoren der Bestechung angeklagt ³)".

„Einen deutlichen Beweis des Verrathes hatten weder
die Feinde des Pausanias, noch der ganze Staat ⁴)".

„König Pleistoanax wurde von seinen Feinden
wegen seiner Rückkehr aus der Verbannung verläumdet
und von denselben den Lakedaemoniern immer zur Be-
herzigung vorgehalten, wenn den Staat ein Unglück
traf, dass das komme von der gesetzwidrigen Zurück-
berufung desselben. Sie beschuldigten ihn, nur durch
Bestechung des delfischen Orakels seine Wiedereinsetzung
als König bewirkt zu haben ⁵)".

„Den König Pausanias belangten seine Feinde
wegen des Friedens mit Athen vor Gericht. König Agis
stimmt gegen ihn ⁶)".

„Antalkidas überantwortete alle in Asien wohnenden

---

1) Arist. Pol. B. 9. — 2) ibid. B. 6. — 3) Herod. VI. 82.
— 4) Thuk. I. 132. — 5) Thuk. V. 16. — 6) Paus. III. 5. 1—2.

Griechen, für die Agesilaus gekämpft hatte, dem persischen
Könige; denn er war ein Gegner des Agesilaus und
betrieb den Frieden um jeden Preis, weil er glaubte,
dass der Krieg nur zur weitern Erhebung desselben bei-
trage und ihm den höchsten Grad von Ruhm und Macht
verleihe [1]“.

„In Sparta war man über die gewaltsame Besetzung
der Cadmea durch Phoebidas unzufrieden. Besonders die
dem Agesilaus gegenüberstehende Gegenpartei stellte mit Entrüstung an Phoebidas die Frage:
auf wessen Befehl er hier gehandelt habe? Natürlich
zielte dabei ihr geheimer Argwohn auf ihn [2]“.

„Agesilaus brachte es durch seine Freunde in
Lakedaemon dahin, dass man ihm die Entscheidung über
Phlius anheimstellte [3]“.

„Agesilaus entzog sich des Oberbefehls, weil er wohl
wusste, dass die Mitbürger sagen würden, er bereite
dem Staate Verlegenheiten [4]“.

„Vor der Schlacht bei Leuktra stellten dem Könige
Cleombrotos seine Freunde vor, es drohe ihm die
äusserste Strafe, wenn er die Thebaner ohne Schlacht
abziehen lasse; seine Gegner meinten, jetzt muss es
an den Tag kommen, ob er wirklich, wie man behauptet,
die Thebaner begünstigt [5]“.

„Auch gegen seine Widersacher betrug sich
Agesilaus wie ein Vater [6]“.

„Agesilaus sah sich durch Geldmangel gezwungen,
seinen Freunden in der Stadt lästig zu fallen [7]“.

„König Leonidas verbannte nach einer Besprechung
mit seinen Freunden den abgesetzten König Cleombrotos [8]“.

---

1) Plut. Ages. c. 23. vgl. Plut. Apophth. S. 336. — 2) Plut.
Ages c. 23. — 3) Xen. Hellen. V. 3. 24. — 4) ibid. V. 4. 13. —
5) ibid. VI. 4. 5. — 6) Xen. Ages. 7. 2. — 7) Plut. Ages. c. 35.
— 8) Plut. Agis. c. 18.

„Zur Verurtheilung des Königs Agis III. beriefen
die Ephoren nur die gleichgesinnten Mitglieder
der Gerusie [1])".

Es wird also von den Schriftstellern auffallend oft
von Freunden oder Feinden dieses oder jenes Königs
durch alle Jahrhunderte hindurch gesprochen. Man darf
hier durchaus nicht an eine persönliche Freundschaft
oder Feindschaft denken, sondern der Anhänger des einen
Königs war selbstverständlich der Gegner des andern
Königs. Es nennt auch Xenophon den Sphodrias „einen
Freund des Kleombrotos"; Plutarch [2]) hingegen bezeichnet ihn als einen, „der zur Gegenpartei des
Agesilaus" gehörte und hat damit gleichfalls das richtige
getroffen.

Da wir also nachweisen können, dass in Sparta
fortwährend zwei sich feindlich gegenüberstehende königliche Parteien vorhanden waren, so dürfen wir auch
folgern, dass besonders in der Gerusie, in welche nur
die Vornehmen gewählt werden konnten, auch fortwährend, nicht blos in der Zeit Xenophons, für die wir den
direkten Beweis haben, diese Parteien vertreten waren,
und dass demnach auch niemals ein König verurtheilt
werden konnte, ausser wenn der andere König für die
Verurtheilung stimmte.

Betrachten wir von diesem Standpunkte aus in
kurzen Zügen die spartanische Geschichte. Schon zwischen
den Königen Kleomenes I. und Demaratos brach ein
offener Zwist aus; jedoch Demaratos konnte mit seiner
Opposition gegen Kleomenes nie durchdringen. Sein
Abzug aus dem Heere vor Eleusis wurde von den
Spartiaten entschieden gemissbilligt. Er sucht nicht mehr
offen, sondern hinterlistig die Absichten des Kleomenes
zu durchkreuzen, gibt den Aegineten heimlich Rath-
schläge, verläumdet seinen Collegen während dessen Ab-

---

1) Plut. Agis. c. 19. — 2) Plut. Agesil. c. 24. 25.

Dum, Ephorat.   6

wesenheit. Kleomenes hingegen konnte viel wagen,
ohne verurtheilt zu werden. Als er nach dem Kriege
mit Argos von seinen Feinden der Bestechung angeklagt wurde, siegte er weit über seine Ankläger. Ja,
als er, nachdem die Bestechung des delfischen Orakels
bekannt wurde, sich flüchtete, wurde er (nach Herodot
aus Furcht vor seinen Umtrieben) wieder zurückberufen.
Die Ursache dieser Verhältnisse lag wahrscheinlich in
der Uneinigkeit, die damals nachweisbar in der Eury-
pontidenpartei herrschte. Demaratos hatte seinen nächsten
Verwandten und nächst berechtigten Thronfolger Leotychides tödtlich beleidigt, indem er ihm dessen Braut
raubte und heiratete. Der Hass der beiden Häupter
dieser Dynastie trat bei der Absetzung des Demaratos
offen hervor und wahrscheinlich äusserten sich die Folgen
desselben schon vorher auch in der Gerusie dadurch, dass
die Anhänger des Leotychides immer mit Kleomenes
gegen Demaratos stimmten, wodurch dieser selbst mit
der Unterstützung der Ephoren nie eine Majorität in der
Gerusie erlangen konnte. Der Hass der beiden Königshäuser erhielt nach dem Tode des Kleomenes eine neue
Nahrung. Sein Halbbruder Leonidas, der folgte (bis 480),
gab, weniger scharfsichtig, die Politik des Kleomenes,
mit dem Mitkönig um jeden Preis einig zu sein, auf,
trat als Gegner des Leotychides auf und dadurch wurde
der heldenmüthige Kämpfer bei den Thermopylen zugleich der Haupturheber der dauernden Vernichtung der
Königsmacht. Jetzt wagten es die Aegineten, den Leotychides in Sparta anzuklagen wegen der Auslieferung
der Geisseln nach Athen. Er wird wohl mit Hülfe des
Leonidas und seiner Partei verurtheilt, nach Aegina ausgeliefert, dort zuerst mit dem Tode bedroht, hierauf nach
Athen gesandt, um die Geisseln den Aegineten zurück-
zubringen. Obwohl die Athener nur verlangten, dass
auch der andere König sie fordern sollte, liess doch
Leonidas seinen Collegen in seiner misslichen Lage. Es

ist erklärlich, dass Leotychides nach seiner Rückkehr
nach Sparta die schmähliche Behandlung, die er hauptsächlich dem Leonidas verdankte, nicht vergass, dass
seine Partei und das ganze königliche Geschlecht die
Schmach mitfühlte, dass der Zwist und Hass der beiden
Königshäuser neue Nahrung erhielt und selbst eine kurze
vorübergehende Einigung der Könige erschwert, fast
unmöglich wurde und dadurch der Grund zur dauernden
Ephorenherrschaft gelegt wurde. Die äusserste Grenze
der moralischen Niederlage erlitt das Haus der Eurypontiden, als Leotychides (c. 469), der Bestechung angeklagt,
verurtheilt wurde und nach Tegea in die Verbannung
ging [1]. Seinem Nachfolger und Enkel Archidamos (c. 469
bis 427) gelang es, Vergeltung zu üben. Sein Haus gelangte allmählig wieder zu grösserem Ansehen, hingegen
traf das Haus der Agiden nach den glänzenden Thaten
bei Thermopylae und Plataeae ein Schlag nach dem andern. Der Regent Pausanias, der Vormund des unmündigen Pleistarchos, endete schmachvoll als Verräther an
Hellas. Sein Sohn Pleistoanax, Pleistarchos Nachfolger,
wurde der Bestechung angeklagt und verurtheilt und
vollbrachte 19 Jahre als Verbannter, bis er auf Befehl
des delfischen Orakels wieder als König nach Sparta
zurückberufen wurde, wo er beständig den Schmähungen
seiner Feinde ausgesetzt blieb [2]. Seinem Sohne und
Nachfolger Pausanias versuchte der Mitkönig Agis das
gleiche Schicksal zu bereiten; das erstemal retteten ihn
noch die Stimmen der Ephoren; das zweitemal wurde er
der Königswürde entsetzt und verbannt [3]. Agis, der
Sohn und Nachfolger des Archidamos übte nur Vergeltung an dem Sohne des Pleistoanax für das Loos, das
ihm dieser vorher zu bereiten suchte; denn auch Agis
war zu einer hohen Geldstrafe verurtheilt worden und

---

1) Herod. VI. 72. — 2) Thuk. II. 21; V. 16; Plut. Perikl.
c. 22. — 3) Xen. Hell. III. 5. 25.

erlangte, wohl durch das Votum der Ephoren, noch Aufschub und später Nachlass der Strafe [1]).

Fast alle Könige des 5. Jahrhunderts wurden somit
verurtheilt. Vom Hause der Agiden blieb, abgesehen
vom unmündigen Pleistarch, nur Leonidas, von dem der
Eurypontiden nur Archidamos verschont. Es ist, wie
erwähnt, sehr wahrscheinlich, dass nur der andere König
seinen Collegen ins Verderben stürzte, während er ihn
immer leicht hätte retten können. Hierin liegen auch
die Ursachen des dauernden Hasses der beiden königlichen Parteien vom Tode des Kleomenes an. Es ist
erklärlich, dass der Sohn eines verurtheilten Königs die
Strafe und die Schmach, die der andere König über seinen
Vater und sein Haus brachte, an diesem zu rächen suchte;
es ist erklärlich, dass ein von der Gegenpartei ange-
klagter, aber durch die Partei der Mitte geretteter König
sich mit seinem Collegen nicht mehr einigen konnte und
nur auf einen günstigen Moment zur Vergeltung lauerte.
Das Misstrauen musste schon jeden Versuch zur Einigung verhindern, zumal eine Einigung auch den Sturz
der Ephorenmacht zur Folge gehabt hätte und demnach
jeder König seinen Sturz zu erwarten hatte, wenn der
andere nur in verrätherischer oder rachsüchtiger Absicht
einer Einigung sich geneigt zeigte.

Damit glaube ich es wenigstens höchst wahrscheinlich gemacht zu haben, dass vom Tode 'des Königs
Kleomenes an durch das ganze fünfte Jahrhundert hindurch, der dauernden Ephorenherrschaft entsprechend,
die beiden Könige dauernd uneinig waren.

Der leidenschaftliche Hass zwischen den beiden
Königen, der einen schiedsrichterlichen Spruch der Ephoren permanent nöthig machte, da der eine König prin-
zipiell den Absichten des andern entgegentrat, musste
eine dauernde Ephorenherrschaft zur Folge haben, selbst

---

1) Thuk. V. 63.

wenn die Ephoren nicht absichtlich diesem Ziele näher
zu kommen gestrebt hätten. Dazu traten im 5. Jahrhunderte noch andere Ereignisse, theilweise wohl nur
Folgen des Hasses, ein, die der dauernden Ephorenherrschaft Vorschub leisteten. Eine Folge der Verurtheilung
der Könige war, dass meist unmündige Kinder
ihnen auf den Thron folgten. Auf Leonidas folgte dessen
Sohn Pleistarchos (480 bis c. 458), der fast während
seiner ganzen Regierung unmündig war. Dessen Sohn
Pleistoanax (c. 458 bis c. 446) wurde sogleich nach Er-
langung der Volljährigkeit verbannt; dessen Sohn Pausanias c. 446 bis c. 427) blieb minderjährig, bis sein
Vater aus der Verbannung zurückberufen wieder den
Thron einnahm. Agesipolis, der Sohn des Pausanias,
bestieg minderjährig den Thron, als sein Vater verbannt
wurde. Wenn auch während der Minderjährigkeit der
gesetzliche Vormund die Regierung führte, so mochte
vielleicht doch sein Einfluss nicht so bedeutend sein, wie
der des Königs.

Es erlitt ferners das Königthum in diesem Jahrhunderte eine grosse moralische Einbusse, besonders
durch die Bestechlichkeit des Leotychides und den Ver-
rath des Pausanias. Auch die späteren zahlreichen Verurtheilungen der Könige mussten das Ansehen des Königthums untergraben, besonders da beinahe alle, nicht
wegen Unfähigkeit, sondern wegen gemeiner Verbrechen,
meist Bestechung, angeklagt worden waren. Die Söhne
verurtheilter oder verbannter Könige hatten fast gar
kein Ansehen [1]). Pausanias wiegelte auch die Heloten
auf, versprach ihnen die Freiheit und das Bürgerrecht.
Obwohl die Entstehung einer Tyrannis unter den ob-
waltenden Verhältnissen in Sparta fast unmöglich war,
so musste doch schon der blosse Versuch eine gewisse
Aufregung hervorbringen und den Ephoren eine will-

1) Plut. Agesil. c. 20.

kommene Handhabe bieten, einen einigermassen einfluss-
reicher hervortretenden König einzuschränken. Es scheint
in der That nach dem Tode des Pausanias in Sparta eine
gewisse Tyrannenfurcht geherrscht zu haben, die zu Vorsichtsmassregeln gegen die Tyrannis Veranlassung gab,
da Herodot [1]) den Korinther Sosikles zu den Spartanern
sagen lässt: „ihr seid ganz arg auf eurer Hut, dass eine
Tyrannis in Sparta nicht aufkomme". Die Aufstände
der Heloten, die bald nach dem Tode des Pausanias aus-
brachen, mögen dazu eine gewisse Berechtigung gegeben
haben.

Manches mögen endlich auch die langdauernden
Kriege, die Sparta im 5. Jahrhunderte führte, beigetragen haben, die Ephorenherrschaft permanent zu
machen. Zuerst der persische Krieg und die Seeexpe-
ditionen, dann die Kriege mit den Thessaliern, Phokacern,
Argivern, Tegeaten, Arcadern, Messeniern und der lange
peloponnesische Krieg; später noch die Feldzüge des
Agesilaus und die Kriege mit den Thebanern und ihren
Verbündeten. Wir wissen, dass während Kleomenes I.
aus Sparta flüchtig war, während sich also nur ein König
in Sparta befand, die Ephoren als Staatsvertreter auftraten. Dadurch wird es wahrscheinlich, dass überhaupt
so lange ein König aus Sparta abwesend war, die
Ephoren als Stellvertreter der Könige in Sparta fun-
girten. Auch das Gesetz, das die Einigkeit der Könige
zu Regierungshandlungen forderte, zwingt zu dieser An-

---

1) Herod. V. 92. Herodot lässt den Sosikles c. 505 auf einer
Versammlung der Bundesgenossen in Sparta seine Rede halten.
Dieselbe wurde von Sosikles jedenfalls nicht gesprochen, sondern
augenscheinlich von Herodot erfunden, damit er bei dieser passen-
den Gelegenheit die Geschichte der Tyrannen von Corinth in
sein Geschichtswerk einflechten konnte. Deshalb ist auch der
oben citirte Satz, der den Uebergang zu dieser Geschichte bildet,
jedenfalls nur den Zuständen, die zur Zeit Herodots bestanden,
entnommen, nicht aber ein Beleg für jene Zustände, die um 505
in Sparta waren.

nahme; endlich auch die Erwägung, dass einem partei-
wüthigen Könige, während der Abwesenheit des andern,
ein zu grosser Spielraum gegen die Gegenpartei gelassen
wäre, wenn er die Regierung in den Händen gehabt
hätte. Da nun die spartanischen Könige die gesetzlichen
Anführer der Heere waren, so war bei jedem Kriege
mindestens ein König von Sparta abwesend: je länger
demnach ein Krieg dauerte, desto länger währte die Abwesenheit eines Königs und desto länger also auch die
gesetzliche Herrschaft der Ephoren. Ausserdem waren
die Kriege überhaupt der Macht der Könige verderblich.
Kriege, die mit Glück geführt werden, erhöhen meist das
Ansehen der Heerführer. Auch der König Agis gewann,
als er in Dekelea war, rasch an Ansehen. Doch für ein
Doppelkönigthum, von dem eine Einheit der Könige
gefordert wurde. mussten sie gefährlich sein und dem
ohnehin bestehenden Zwiste neue Nahrung verschaffen.
War ein König im Felde glücklich, so erregte er dadurch, wie die Quellen oft berichten, den Neid und die
Eifersucht des andern Königs; dieser sucht ihm entgegen-
zuwirken. War er unglücklich, so ward dadurch dem
Mitkönige und seiner Partei eine neue Handhabe zu
Angriffen geboten. So sagt auch Thukydides [1]), dass
der König Pleistoanax sich deshalb für das Zustande-
kommen eines Friedens bemühte, weil er glaubte, dass
zu Friedenszeiten, wo die Stadt keine Unglücksfälle be-
treffen würden, auch seine Feinde keine Gelegenheit
hätten, ihm anzukommen, während im Kriege die Vornehmen nothwendig durch jeden Unfall neuen Nachreden
blosgestellt sein müssen.

Der unversöhnliche Hass, der zwischen den
beiden Königshäusern nach dem Tode des Kleomenes
ausbrach, in Verbindung mit einigen Nebenumständen,
bewirkten also, dass die Ephorenherrschaft im 5. Jahr-

1) V. 17.

hunderte dauernd wurde. Nach dem peloponnesischen
Kriege tritt unter den Königen Agesilaus und Agesipolis
wohl ein etwas erträglicheres Verhältniss zwischen den
königlichen Parteien auf. Der Hass, die Abneigung und
Eifersucht der Könige ist wohl noch oft bemerkbar, jedoch nicht mehr mit der masslosen Heftigkeit der früheren
Zeit. Bis in die letzten Zeiten des Königthums hören
wir von einer Verurtheilung des Königs nichts mehr,
obwohl manche Könige dazu Anlass gegeben hätten;
wir sehen hingegen, dass zu bestimmten Zwecken beide
Parteien wenigstens vorübergehend sich vereinigen. Aber
jetzt war es natürlich zu spät, selbst im Falle einer voll-
ständigen Aussöhnung, die Herrschaft wieder zu erlangen.
Hundert Jahre hindurch hatte sich die Ephorenherrschaft
im Staate eingelebt und im ganzen zum Wohle des
Staates gewirkt. Diese 100 Jahre der Entwicklung eines
Staates konnten nicht einfach hinwegdekretirt werden.
Die Könige konnten nur das formelle Recht, die Ephoren
das Herkommen für sich geltend machen. Ohne tiefe
innere Erschütterungen wäre die Ephorenherrschaft kaum
mehr zu beseitigen gewesen. Auch Agesilaus wagte es
nicht, den voraussichtlichen Kampf zu beginnen, er stellte
sich auf den Boden der Verhältnisse, die sich durch ein
Jahrhundert entwickelt hatten und suchte von da aus
an Einfluss zu gewinnen, theils indem er den Ephoren
schmeichelte und durch diese, theils indem er sich mit
dem andern Könige vereinte und durch die Gerusie seine
Absichten durchzusetzen versuchte. Die nachfolgenden
Könige scheinen seinem Beispiele gefolgt zu sein. Die
Ephoren hingegen suchten die faktische Macht, die die
Könige noch in der Gerusie besassen, wenn sie sich
einigten, zu brechen, indem sie jede Einigung der Könige
zu verhindern suchten. „Die Spartaner", sagt Aristoteles,
„betrachten es als ein Mittel zur Erhaltung des Staates,
wenn die Könige uneinig sind". Oft suchten auch die
Könige, gleichfalls nach dem Beispiele des Agesilaus,

durch Kriegszüge in ferne Länder den unbehaglichen
Verhältnissen in der Heimat zu entkommen.

Das Resultat dieser längeren Erörterung ist kurzgefasst folgendes:

In historischer Zeit war in Sparta ein Wechsel in
der Regierungsgewalt zwischen den Königen und den
Ephoren. Die Könige herrschten beinahe unumschränkt,
sobald sie einig waren; waren sie uneinig, so herrschten
diese Zeit die Ephoren. Dies folgt aus der Darstellung
Herodots, dem Eide, den sich Könige und Ephoren
wechselseitig leisteten, der bestimmten Angabe Plutarchs
in der Biographie des Königs Agis III. und endlich aus
dem Nachweise, dass thatsächlich, wenn die Ephoren
herrschten, die Könige uneinig, und wenn die Könige
herrschten, sie einig waren.

Es musste demnach in einer uns unbekannten frühern Zeit jenes Gesetz, das die Ephoren zu zeitweiligen
Stellvertretern der uneinigen Könige macht, entstanden
sein. Es ist nicht wahrscheinlich, dass die Entstehungszeit desselben mit der des Ephorats zusammenfällt', also
dieselbe in die Zeit Theopomps gehöre. Abgesehen davon, dass die relativ beste Tradition dagegen spricht,
lassen sich auch Rückschlüsse aus den Zuständen der
historischen Zeit dafür geltend machen, dass das Ephorat
schon bestand, als ihm die Stellvertretung der Könige
übertragen wurde, dass also dem schon existirenden Amte
zu seinen früheren eine neue Befugniss übertragen
wurde.

Zu den alten Befugnissen der Könige gehörte
ohne Zweifel die Civilgerichtsbarkeit. Zur Zeit
Herodots, also schon zur Zeit der dauernden Uneinigkeit
der Könige, besassen die Ephoren die Civilgerichtsbarkeit; aber in bestimmten Fällen hatten auch noch die
Könige eine Gerichtsbarkeit; es mussten nämlich alle
Adoptionen vor den Königen geschehen: ferner hatten
die Könige die Entscheidungen über öffentliche Strassen,

und darüber, wer die Hand einer Erbtochter erhalten
soll, falls der Vater sie nicht schon verlobt hatte [1]. Es
ist jedoch gerade dieses letztere Recht ein Recht, bei
dessen Ausübung eine Einigung der Könige nicht leicht
stattfinden konnte, da es den Königen eine erwünschte
Gelegenheit bot, die Interessen der eigenen Partei zu
fördern. Wenn nach oder gleichzeitig mit der Entstehung jenes Gesetzes, betreffend die Uneinigkeit der
Könige, den Ephoren die Civilgerichtsbarkeit übertragen
worden wäre, so hätte man kaum den Königen dieses
Reservatrecht, das beinahe bei jeder Ausübung eine Uneinigkeit der Könige hervorrufen musste, belassen; aber
der Vorbehalt besagten Rechtes gestattet uns demnach
zu vermuthen, dass nicht eine Uneinigkeit der Könige,
sondern andere Ursachen massgebend waren, die Civilgerichtsbarkeit von den Königen auf die Ephoren zu
übertragen. Es scheint vielmehr, dass die Könige freiwillig wegen Geschäftsüberbürdung und zwar natürlich
vor der Entstehung des oberwähnten Gesetzes, Beamten
die Gerichtsbarkeit übertrugen, sich jedoch einige wichtige Fälle reservirten. Diese Schlüsse führen zu einem
Resultate, das mit den Angaben, die Kleomenes III. über
den Ursprung des Ephorats gibt, harmonirt und können
daher auch als Beleg für die Glaubwürdigkeit der Angaben des Kleomenes verwerthet werden.

Eine zweite ältere Befugniss der Ephoren war auch
wahrscheinlich e i n e p o l i z e i l i c h e, d i e A u f s i c h t über
die Erziehung der Jugend, über Zucht, Sitte, die Unterworfenen und Fremden. Von diesem Amte mögen sie
vielleicht den Namen Ephoren erhalten haben. Selbst
zur Zeit ihrer höchsten Machtentfaltung üben die höchsten
Staatsbeamten eine ins kleinliche gehende Polizei selbst
aus. Sie schneiden Musikern die Saiten ab, vertreiben
Fremde, verjagen unzüchtige Weiber, leiten die Kampf-

---

[1] VI. 57.

spiele der Jugend und bestrafen selbst bei kleinlichen
Vergehen eigenhändig die Knaben [1]). Man darf wohl
vermuthen, dass die Könige sich noch lieber dieser poli-
zeilichen Befugnisse entledigten, als der Gerichtsbarkeit
und dass sie, wenn sie für letztere sich Stellvertreter
wählten, auch für erstere Beamte creirten. Diese konnten
nur die Ephoren sein, da sie in historischer Zeit dieses
Amt verwalten. Die Ephoren konnten selbst in der Zeit,
in der sie Staatslenker waren, sich dieser niedern Aufsicht nicht entledigen, da diese ihr dauerndes Amt war,
die Staatsleitung gesetzlich nur zeitweise in ihren Händen sein sollte. Erst nach dem Untergange des Königs-
thums sind für einzelne Theile der Aufsicht eigene
Beamte nachweisbar. Demnach liegt die Vermuthung
nahe, dass schon in alter Zeit, vielleicht seit Theopomp,
die Ephoren die Polizeiorgane waren. Wir sehen ferner,
dass Kleomenes I. auch in der Zeit, in der er unbedingt
die Herrschaft ausübte, den Ephoren einen Fremden, den
Maeandrios, übergab, damit sie ihn aus Sparta austreiben.
Die Fremdenpolizei gehörte somit zu ihren Befugnissen
auch in der Zeit, in der die Könige selbst herrschten,
die Ephoren sich um die Regierung nicht zu kümmern
hatten. Dieses Amt konnte ihnen demnach nicht auf
Grund des Gesetzes, das ihnen während der Uneinigkeit
der Könige die Herrschaft verleiht, zugefallen sein;
wahrscheinlich besassen sie dasselbe schon vorher. Wir
wissen ferner, dass bei jedem spartanischen Heere zwei
Ephoren sein mussten. Dieses Gesetz muss schon vor
den Perserkriegen entstanden sein, da schon in der
Schlacht bei Plataeae sich Ephoren beim Heere befinden,
denen Pausanias, als den Aufsichtsorganen, eine Griechin,
die vom persischen Heere übergelaufen war, zur zeitweiligen Verwahrung übergab [2]). Aber auch noch im
4. Jahrhunderte hatten die Ephoren beim Heere nur eine

---

1) **Xenoph.** de republ. Lac. 4. 6. — 2) Herod. IX. 76.

Aufsicht. „Sie haben nichts beim Heere zu thun", sagt der Verfasser des Staates der Lakedaemonier, „als zuzusehen, was jeder thut. Nur wenn der König sie ruft, können sie an den Berathungen und anderen Geschäften theilnehmen [1]". Man kann vermuthen, dass die Rechte der Ephoren beim Heere kaum so unbedeutend gewesen wären, kaum sich auf die blosse Aufsicht beschränkt hätten, wenn nicht dieses Gesetz älter gewesen wäre, als jenes, das ihnen die Herrschaft während der Uneinigkeit der Könige zusichert. Die direkte Angabe, dass die Ephoren schon dem Terpander, der im 7. Jahrhundert in Sparta gewesen sein soll, die Saiten abgeschnitten haben [2]), ist schlecht beglaubigt und kann daher hier nicht verwerthet werden.

Die bisher gewonnenen Resultate, die die Stützpunkte bilden sollen zur Darstellung des Ursprunges und der Entwicklung des Ephorats sind demnach folgende:

1. Die Ephoren wurden vom Könige Theopomp zur Zeit des messenischen Krieges als Stellvertreter der Könige eingesetzt — dies folgt aus der relativ glaubwürdigsten Tradition.

2. Es wurde ihnen von Theopomp die Civilgerichtsbarkeit übertragen — dies folgt aus der Tradition und den Rückschlüssen der spätern Zustände.

3. Wahrscheinlich wurde ihnen gleichzeitig eine gewisse Aufsicht übertragen — dies folgt aus Rückschlüssen späterer Zustände.

4. Die Spartaner gaben in der alten Zeit ein Gesetz, das bestimmte, dass die Könige bei allen Regierungshandlungen, die sie vornehmen, einig sein müssen, — dies folgt aus den bestehenden Zuständen zur Zeit Kleomenes I.

5. Die Spartaner gaben in der alten Zeit ein Gesetz, durch das den Königen die Wahl der Ephoren ent-

---

[1]) Xenoph. de republ. Lac. 13. 5. — [2]) Plut. Inst. Lac. S. 438.

zogen und dem Volke übertragen wurde, — dies folgt aus der Angabe der Tradition, dass die Könige die Ephoren ursprünglich selbst wählten, und den Zuständen in der uns bekannten Zeit, in der dieselben vom Volke gewählt werden.

6. Die Spartaner gaben in der alten Zeit ein Gesetz, durch das die Ephoren zeitweilig Stellvertreter der Könige wurden, so lange diese gegen das Gesetz uneinig waren, — dies folgt aus den Zuständen zur Zeit Kleomenes I. und der späteren Zeit.

7. Die Könige wurden schon in alter Zeit als verantwortlich betrachtet, — dies folgt aus den Zuständen zur Zeit Kleomenes I. und der folgenden Zeit.

8. Die Spartaner gaben um 505 das Gesetz, dass von nun an nur ein König mit dem spartanischen Heere ausrücken dürfe, — dies folgt aus der direkten Angabe Herodots.

IV. Entstehung und Entwicklung des Ephorats bis zur Erlassung des Gesetzes, das den Ephoren die Stellvertretung der uneinigen Könige überträgt.

Das spartanische Königthum ist ähnlich dem homerischen. Es blieben manche Befugnisse des homerischen Königthums, die Ehrenrechte, das oberste Priesteramt und das Heerführeramt im spartanischen Königthume bis zum Untergange desselben bestehen, wenn auch manche mit diesen Aemtern ursprünglich verbundene Rechte demselben allmählig entrissen wurden. Andere Befugnisse, die Aufrechthaltung des Friedens im Innern, das damit zusammenhängende oberste Richteramt und die Vertretung des Volkes nach aussen, Rechte, welche die spartanischen Könige unzweifelhaft in der ältesten Zeit besassen, büssten sie ein. Dieser Verlust der königlichen Rechte hängt aufs innigste zusammen mit dem Ursprunge und dem Entwicklungsgange des Ephorats.

Es ist einleuchtend, dass in jener alten einfachen Zeit, in der das Beamtenwesen noch durchaus in der Kindheit lag, die Könige in Folge ihrer Rechte mit vielen Geschäften überbürdet waren, so dass sie dieselben nur schwer bewältigen konnten. Die Gerichtsbarkeit allein scheint einen nicht geringen Theil des Tages in Anspruch genommen zu haben. Wir besitzen zwar kein ausdrückliches Zeugniss hiefür, dürfen dies aber aus den uns bekannten Zuständen in historischer und homerischer Zeit folgern. Wir wissen, dass in historischer Zeit die Ephoren täglich zu Gericht sassen, um Streitigkeiten zu

entscheiden [1]), und dass auch in homerischer Zeit Zwiste
und somit auch Rechtsentscheidungen häufig vorkamen.
Schon die Könige Homers scheinen genöthigt gewesen
zu sein, hie und da einige bejahrte rechtskundige Edle
zu delegiren, damit sie an ihrer Stelle Recht sprechen [2]).
So mochten auch wegen Geschäftsüberhäufung die spartanischen Könige ein Bedürfniss nach Beamten empfun-
den haben, denen sie einen Theil ihrer Geschäfte, unter
Wahrung der obersten Rechte, für immer abtreten konnten, da ja Delegierungen in Einzelnfällen dem Uebel
bloss momentan, nicht dauernd, steuerten. Dieses Bedürfniss musste im Kriege noch mehr als im Frieden
hervortreten, namentlich in solchen von längerer Dauer,
die die Könige ihres Heerführeramtes wegen zwangen,
längere Zeit von Sparta abwesend zu sein. Da mochte
sich das Bedürfniss bis zur gebieterischen Nothwendigkeit
steigern; denn es fehlte die oberste Aufsicht über Stadt
und Land, die Civilgerichtsbarkeit gerieth ins Stocken
und überhaupt litten alle staatlichen Verhältnisse, da
das exekutive Organ fehlte. Nur die Kriminalgerichts-
barkeit konnte vielleicht schon damals zu jeder Zeit
ihren regelmässigen Gang gehen. Es besassen nämlich
zur Zeit Herodots die Könige das Recht, sich, wenn sie
nicht in die Gerusie gehen, durch ihre nächsten Verwandten vertreten zu lassen [3]), ein Recht, das den Königen
wohl nur deshalb auch zur Zeit ihrer Schwäche blieb,
weil es sich in alter Zeit, zur Zeit ihrer Macht, in der
sie aus eigener Machtvollkommenheit manchmal nicht in
die Gerusie gingen, sondern sich vertreten liessen, aus
faktischen Verhältnissen entwickelte.

Der erste Krieg, den die Spartaner in grösserer
Entfernung von ihrer Stadt führten und der die Könige
durch längere Zeit im Felde festhielt, scheint der erste

---

1) Plut. Apophth. Lac. S. 368. — 2) Ilias. I. 238; XVIII.
598 fg. Odyss. XII. 440. — 3) Herod. VI. 57.

messenische gewesen zu sein. Die erwähnten ｜Uebel-
stände mussten demnach während desselben grell hervortreten. Die beiden Könige Polydor und Theopomp
beseitigten diese dadurch, dass sie aus der Mitte ihrer
Anhänger Stellvertreter mit dem Namen Ephoren ernannten, die während ihrer Abwesenheit königliche Geschäfte besorgten. Wie viel Stellvertreter sie ernannten,
ist ungewiss; ebenso, ob ihnen alle oder nur einzelne
königliche Befugnisse für die Dauer des Krieges übertragen wurden; wahrscheinlich haben sie mindestens die
Civilgerichtsbarkeit und die polizeiliche Aufsicht über-
nommen.

Obwohl nach der Beendigung des Krieges das Bedürfniss nicht mehr so dringend war, liessen die Könige,
wohl der Erleichterung und Bequemlichkeit wegen, doch
das neue Amt bestehen. Sie übergaben den Ephoren
die polizeiliche Aufsicht und die Civilgerichtsbarkeit für
immer. Natürlich behielten sie trotzdem die oberste
Aufsicht, sie übten dieselbe nur in den meisten Fällen
durch ihre Beamten aus. Wichtigere Fälle mögen sie
sich selbst vorbehalten haben. Ebenso konnten die
Könige noch in die Gerichtsbarkeit eingreifen; wenn sie
wollten; wichtige Fälle reservirten sie sich für immer;
nämlich: Entscheidungen über öffentliche Strassen, ferner
darüber, wer die Hand einer Erbtochter erhalten soll,
falls sie nicht der Vater schon verlobt hatte; endlich
konnten Adoptionen nur vor den Königen stattfinden.
Möglicherweise übertrugen während den folgenden oft
länger dauernden Kriegen die Könige den Ephoren stell-
vertretend für die Dauer des Krieges noch weitere königliche Rechte; so lange eben die Könige die Ephoren
selbst wählten, so lange sie nur unbedingt verlässliche
Personen zeitweise mit ausgedehnten königlichen Befugnissen betrauten, konnten die Könige darin eine Ein-
schränkung ihrer Machtfülle nicht erblicken.

Es mussten jedoch am spartanischen Königthume,

mochten die Spartaner auch noch so zähe am alten hergebrachten festhalten, nothwendig bald Modifikationen des
homerischen Königthums vorgenommen werden, da er-
steres ein Doppelkönigthum war. Es musste ein Gesetz
erlassen werden des Inhaltes, dass die beiden Könige
einig sein müssen, sobald sie Staatsakte vollführen. Die
Einigkeit lässt sich wohl leicht dekretiren, aber trotz
Dekret waren die Könige oft nicht einig. Wir können
annehmen, dass bei der Wahl wichtiger Beamter, besonders bei der Wahl ihrer Rathgeber, der Geronten, eine
Einigung der Könige oft nicht erzielt wurde, da es sich
hier um Personenfragen und Förderung der Parteiinteressen handelte. Dadurch mochten die Spartaner gezwungen worden sein, den Königen die Wahl der
Geronten zu entreissen und sie dem Volke zu übertragen. Die Gerusie blieb aber trotzdem immer eine
aristokratische Versammlung, in der die königlichen
Parteien das Uebergewicht behielten, da das passive
Wahlrecht beschränkt blieb. Dadurch waren wohl die
verderblichen Folgen der Uneinigkeit in einem bestimmten Falle beseitigt; es konnte jedoch noch die Uneinigkeit mit ihren Folgen auf anderen Gebieten des Staats-
lebens auftreten.

Ein offener Zwist der Könige bei der Ausübung der
Exekutivgewalt scheint endlich die Spartaner bewogen
zu haben, dem Uebel radikal zu begegnen. Ihrem Con-
servatismus entsprechend, tasteten sie nicht das Königthum an, sie beschränkten auch nicht die Rechte der
Könige, sie vermehrten nur die Zahl der Fälle, in denen
die schon bestehenden Stellvertreter der Könige, die
Ephoren, die Stellvertretung übernehmen sollten. Sie
bestimmten, dass die Ephoren, so lange die Könige uneinig
sind, die Herrschaft, d. i. die ausübende Gewalt in demselben Umfange wie die Könige, wenn sie einig sind,
besitzen sollten. So mag im allgemeinen durch das neue
Gesetz verordnet worden sein. Ob genauere Bestimmungen

erlassen wurden und wie diese gelautet haben mögen,
auf welche Art die Ephoren ihre Herrschaft antraten,
die der Könige zeitweise beseitigt wurde, wie sie zwischen
den uneinigen Königen entschieden, endlich, wann und
in welcher Art sie den Königen wieder die Herrschaft
überliessen, ob nach der Entscheidung des Streitfalles
oder erst nach einer förmlich dokumentirten Einigkeit
der Könige, — dies sind Fragen, die wohl kaum endgültig entschieden werden können.

Nach der schon erwähnten Quelle [1]) sollten sie
Schiedsrichter sein, „indem sie bei einem Zwiste der
Könige den besseren Antrag mit ihrer Stimme unterstützen, wenn der eine König den Staatsinteressen wider-
strebe". Dass sie sich mit den Königen etwa blos in
einer Sitzung vereinten und durch ihr Votum, indem sie
einem Könige beitraten, entschieden, ist unwahrscheinlich
und den Zuständen der spätern Zeit nicht entsprechend.
In dieser liegt die eigentliche Regierung in einer Versammlung, die von Thukydides, Xenophon und Plutarch
oft erwähnt und „τὰ τέλη" genannt wird. Wahrscheinlich dieselbe Versammlung wird einmal von Xenophon [2])
auch als „μικρὰ ἐκκλησία" bezeichnet. So lange die
Macht Spartas dauerte, nahmen die Ephoren in der Regel
keinen wichtigen Regierungsakt vor, ohne den Beschluss
der τὰ τέλη oder der Volksversammlung abgewartet zu
haben. Sie treten nur als Ausführer der Beschlüsse
dieser Versammlungen auf. Nur in besonders dringenden
Fällen, die ein rasches Handeln oder eine besondere Ge-
heimhaltung erforderten, gingen sie, ohne die Zustimmung derselben abzuwarten, selbstständig vor [3]). Wenigstens hebt es Xenophon bei der Erzählung der Verschwörung des Kinadon als einen Ausnahmsfall hervor, dass
die Ephoren nach der Anzeige derselben nicht einmal

---

1) Plut. Agis. c. 12. — 2) Xen. Hell. III 3. 8. — 3) Xen.
Hell. III. 3. 8.

die sogenannte kleine Versammlung beriefen, sondern
sich nur mit den Geronten, dem einen da, dem andern
dort, beriethen und dann selbständig das nöthige anord-
neten, woraus man wohl schliessen muss, dass die
Ephoren in der Regel wenigstens die kleine Versammlung beriefen. Aus welchen Mitgliedern die τὰ τέλη
bestand, ist eine Streitfrage. Sicher ist nur, das die
5 Ephoren, die 2 Könige und die 28 Geronten Mitglieder waren und mir scheint es sehr wahrscheinlich, dass
diese Versammlung nur aus diesen 35 Personen bestand.
Wir sehen auch, dass schon in der Zeit vor Kleomenes I.
die Gerusie mit den Ephoren beschliesst, dass der König
Anaxandridas noch eine zweite Frau nehmen müsse [1]).
Aus diesen Zuständen in historischer Zeit können wir
schliessen, dass die eigentliche Entscheidung in die Gerusie
verlegt wurde, dass jenes Gesetz bestimmte, dass auch
die Ephoren in die Gerusie eintreten und wenn in derselben die Könige mit entgegengesetzten Anträgen
gegenüberstehen, entscheiden sollten, indem auch sie
ihre Stimmen abgeben. In der durch die Ephoren erweiterten Gerusie mochten dann auch die übrigen for-
mellen Fragen entschieden und auch bestimmt worden
sein, wenn die Könige wieder die Herrschaft übernehmen
sollten.

Die Art der Entstehung des Gesetzes ist gleichfalls unsicher. In Sparta konnten nur die Könige und
Geronten Gesetze beantragen. In der Gerusie wurde
der beantragte Gesetzesvorschlag durchberathen und hierauf der Volksversammlung zur Genehmigung vorgelegt,
die über Gesetze nicht debattiren, sie nicht prüfen oder
abändern [2]) durfte, nur zustimmen konnte [3]). Dieses Gesetz nahm jedoch kaum den gewöhnlichen Weg durch
die Gerusie, da diese Versammlung, in der die königlichen Parteien hauptsächlich vertreten waren, nicht zur

---

1) Herod. V. 40. — 2) Arist. Pol. B. 11. — 3) ibid. B. 10.

7 *

Erlassung eines Gesetzes, das gegen das Königthum gerichtet sein musste, geeignet sein konnte. Hingegen ist es in Griechenland nicht ungewöhnlich, dass man bei besonders misslichen Lagen einen Mann, der das allgemeine Vertrauen besass, als Gesetzgeber für einen bestimmten Fall ernannte. Auch in Sparta wurde nach der unglücklichen Schlacht bei Leuktra Agesilaus zum Gesetzgeber für einen bestimmten Fall ernannt[1]). Es ist demnach auch nicht unwahrscheinlich, dass bei einer dem Staate besonders verderblichen Uneinigkeit der Könige ein Mann, der das allgemeine Vertrauen genoss, der über den Parteien stand, als Gesetzgeber bestimmt wurde, um für immer die Folgen der Uneinigkeit zu beseitigen.

Die Zeit, in der das Gesetz gegeben wurde, lässt sich nur annähernd bestimmen. Wahrscheinlich entstand es erst nach dem zweiten messenischen Kriege, da Tyrtaeus die Ephoren noch nicht erwähnt und vor der Regierung der Könige Anaxandridas und Ariston, da unter diesen die Ephoren schon als Hüter der Interessen des Staates hervortreten. In diese Zwischenzeit fällt der Abschluss der grossen Bündnisse zwischen Sparta und den meisten übrigen Staaten des Peloponnes. Es war also damals auch genügend Anlass zu Zwisten der Könige in der Ausübung ihrer Exekutivgewalt. Möglich, dass solch ein Zwist zur Entstehung des Gesetzes beitrug.

Damit jedoch die Ephoren befähigt waren, als Schiedsrichter, nicht bloss als Gegner eines Königs, sondern auch als deren Gebieter zeitweise aufzutreten, mussten sie vor allem von den Königen unabhängig gemacht werden, indem man diesen die Wahl der Ephoren entzog; ferners musste verordnet werden, dass die Ephoren immer einig handeln müssen, d. h., die Minorität sich unbedingt der Majorität fügen müsse; endlich mussten Verfügungen erlassen werden, durch die sie sogleich in

---

1) Plut. Agesil. c. 30. (Plut. Apophth. S. 340).

den faktischen Besitz der Herrschaft gelangen konnten, wenn eine Uneinigkeit der Könige sich kundgab. Es ist wahrscheinlich, dass den Königen erst gleichzeitig mit der Entstehung des Gesetzes die Wahl der Ephoren entrissen wurde. In Sparta scheinen nämlich nur die Ephoren allein aus dem ganzen Volke gewählt worden zu sein, die anderen Beamten jedoch aus einer bevorzugten Klasse. Sicher ist, dass die Geronten wohl vom Volke [1]), jedoch nur aus den Vornehmen, nicht aus dem ganzen Volke [2]), gewählt werden konnten. Aber auch der Paedonom, der Aufseher über die Erziehung der Knaben, wurde aus denjenigen, die zu den höchsten Würden im Staate genommen werden, gewählt [3]). Es waren also auch die höchsten Aemter (μέγισθαι ἀρχαί) nur einer bevorrechtigten Klasse zugängig. Diese Klasse war jedoch zum Schiedsrichteramte, das die Ephoren erhielten, nicht befähigt, da sie selbst mitten im Parteigetriebe stand, wie wir es bis in die späte Zeit noch an der Gerusie erblicken. Der Gesetzgeber musste die Ephoren aus dem ganzen Volke wählen lassen, da er einerseits die bevorzugte Klasse von der Theilnahme nicht ganz ausschliessen konnte, andererseits aber sorgen musste, dass das den königlichen Parteien ferner stehende niedere Volk immer das Uebergewicht im Ephorat erlange. Zu letzterem trug viel die Wahlart bei, die der Gesetzgeber einführte. Der genaue Vorgang bei der Wahl ist uns wohl unbekannt. Wir wissen nur, dass das Amt nicht durchs Loos besetzt wurde [4]), dass eine Wahl, wahrscheinlich durch das Volk, stattfand, jedoch trotzdem der Zufall beim Wahlakte die grösste Rolle spielte. Platon [5]) sagt: „die Macht der Ephoren sei eine nahezu durchs Loos bestimmte". Aristoteles behauptet, die Ephoren werden durch Zufall gewählt [6]), die Wahlart sei

---

1) Arist. Pol. Δ. 9. — 2) ibid. B. 9. — 3) Xenoph. de republ. Lac. II. 2 — 4) Arist. Pol. Δ. 9. Isocr. Panath. II. 152. S. 51 (A. v. Beuseler). — 5) leges. 692. — 6) Pol. B. 10; B. 9; B. 11.

fehlerhaft und kindisch [1]). Wenn in den letzten Zeiten
des Königthums König Agis die Wahl eines Ephoren
durchsetzen, der Ephor Agesilaus drohen konnte, er werde
nochmals das Ephorat übernehmen, so sind dies nur abnorme Zustände der spätern nahezu anarchischen Zeit,
in der Geld und Gewalt schliesslich entschied. In dieser
Zeit vertreiben auch Könige die gewählten Ephoren und
setzen selbst andere ein. Ich glaube also, dass eben,
weil die Ephoren aus dem ganzen Volke gewählt wurden und der Zufall die Wahl beherrschte, dieselbe erst
mit der Entstehung des Gesetzes den Königen entrissen
wurde. Dagegen könnte man wohl einwenden, dass der
Gesetzgeber nicht leicht den durch Zufall gewählten so
wichtige Befugnisse übertragen hätte. Jedoch der Gesetzgeber konnte nicht voraussehen, dass Aenderungen
in den Verhältnissen Spartas in der folgenden Zeit eintreten werden, die die Wichtigkeit des Ephorats heben
mussten. Diese stieg durch die immerwährende Dauer
der Stellvertretung, ferners durch die Erweiterung der Befugnisse der Ephoren und endlich besonders durch die
Machtvergrösserung Spartas. Zu seiner Zeit sollten die
Ephoren nur Schiedsrichter sein in einem Streitfalle; deshalb
musste der Gesetzgeber als das Hauptziel, das erreicht
werden müsse, die Gewinnung unabhängiger Schiedsrichter betrachten, alles andere musste ihm jedoch als
Nebensache erscheinen.

Gleichzeitig mit der Abänderung des Wahlaktes
wurde die Amtsdauer der Ephoren auf ein Jahr fest-
gesetzt, und vielleicht erst jetzt die Zahl der jährlich
zu wählenden Ephoren auf fünf normirt, wenn sich nicht
schon früher die bestimmte Zahl eingebürgert hatte.

Die zweite nothwendige Forderung zur Ausübung
des Schiedsrichteramtes ist die Einigkeit der Ephoren. Es musste die Minorität derselben, die in Folge

---

[1] ibid. B. 9.

der Fünfzahl immer auftreten konnte, sich unbedingt dem Beschlusse der Majorität unterwerfen. Dies war faktisch immer der Fall; es scheint wenigstens dem Xenophon kein einziges Beispiel einer Uneinigkeit der Ephoren bekannt· gewesen zu sein, da er den Kritias, einen der 30 Tyrannen, vor dem versammelten athenischen Rathe sagen lässt: „Die beste Staatsverfassung ist wohl die lakedaemonische. Wenn aber in Lakedaemon einer der Ephoren, statt sich der Mehrzahl zu fügen, versuchen würde, die Regierung zu tadeln und ihren Massregeln sich zu widersetzen, glaubt ihr da nicht, dáss die Ephoren selbst und die Gesammtheit der Bürger ihm die schwerste Strafe zuerkennen würden [1]". Eine Einigkeit war unter den Ephoren auch nicht schwer zu erzielen, da jeder Ephor nur ein Jahr im Amte und dasselbe nicht erblich war.

Es mussten endlich die Ephoren auch zeitweise in den **faktischen Besitz der Herrschaft** gesetzt werden. Sie, nicht die Könige, erhielten für die Dauer der Uneinigkeit das Recht, die Gerusie und die Volksversammlung zu berufen. Gestützt durch diese Gewalten konnten sie als Vertreter des Staates auftreten gegenüber den das Staatsinteresse hintansetzenden Königen und faktisch die Herrschaft ausüben sowohl nach innen wie nach aussen. Dadurch dass die Ephoren selbst alle von der Gerusie oder der Volksversammlung gefassten Beschlüsse ausführen, war erst die Garantie geboten, dass der durch das Votum der Ephoren in der Gerusie bewirkte Beschluss gegenüber den Königen auch zur Ausführung gelange. Dadurch sind sie faktisch zeitweise über die Könige erhoben, aber auch erst dadurch berechtigt, den Königen im Namen des Staates Befehle zu ertheilen und befähigt, ihren Befehlen Nachdruck zu verschaffen und ihr Schiedsrichteramt praktisch auszuüben.

---

1) Xenoph. Hell. II. 3. 34.

Um den Königen beständig vor Augen zu halten, dass die Ausübung ihrer Herrschaft von ihrer Einigkeit abhänge, wurden wahrscheinlich jetzt jene erst „im Staate der Lakedaemonier" überlieferten Eide angeordnet, die sich die Könige und Ephoren gegenseitig monatlich leisten. Die Könige schwören, dass sie nach den Gesetzen regieren wollen, die Ephoren, dass in diesem Falle den Königen die Regierung unerschüttert erhalten bleibe[1].

---

1) Xenoph. de republ. Lac. 15. 7.

V. Entwicklung des Ephorats von der Entstehung des Gesetzes über die Wechselherrschaft bis zum Untergange des Ephorats unter Kleomenes III. um 226.

Durch das neue Gesetz wurde den Ephoren ein Theil der königlichen Rechte, nämlich alle, die die Exekutivgewalt betrafen, zeitweise, so lange die Uneinigkeit der Könige dauerte, direkt übertragen; natürlich behielten sie auch ihre alten Aemter, die Civilgerichtsbarkeit und die polizeiliche Aufsicht, da sie ja ursprünglich bei der Entstehung des Gesetzes nicht als dauernde, sondern, wie vielleicht schon vorher in Kriegsfällen, als zeitweise Stellvertreter der Könige betrachtet wurden. Andere königliche Befugnisse, nämlich alle kriegerischen, priesterlichen und reservirten richterlichen, wurden durch das neue Gesetz nicht direkt berührt. Die Könige blieben auch während ihrer Uneinigkeit im Besitze aller darauf bezüglichen Rechte, wie der Ehrenvorrechte. Wir wissen, dass die verderblichen Folgen einer Uneinigkeit der Könige im Kriege erst später, um 505, bei einem auftretenden Einzelfalle durch ein spezielles Gesetz beseitigt wurden, das jedoch wohl in Folge des Einflusses des Königs Kleomenes I. auf die Gerusie die Macht des Königs nicht beschränkte, sondern die volle Gewalt, die vorher beide vereint besassen. auf den König übertrug, der mit dem Heere ausrückte. Zwischen dem neuen, durch das Gesetz den Ephoren übertragenen Rechten und den den Königen verbliebenen, gab es ebensowenig eine scharfe Grenzlinie, wie früher zwischen den Rechten der Könige

und denen anderer Behörden. Es kollidirten vielfach die
Rechte der Könige mit denen der Ephoren. Manchmal
sehen wir daher noch die Könige und Ephoren als coordinirte Gewalten neben einander, die sich, um eine Einheit herzustellen, nur gegenseitig von den getroffenen
Massregeln Mittheilung machen. Eine nothwendige Folge
dieser vorhandenen Berührungspunkte zwischen den gegenseitigen Rechten war, dass, nachdem die Ephorenherrschaft dauernd wurde, den Königen allmählig der
grösste Theil der verbliebenen Rechte entzogen wurde
und auf die Ephoren überging. Solche Berührungspunkte
waren zwischen den Rechten der Könige im Kriege und
den Rechten der Ephoren als Vertreter des Staates nach
aussen, besonders aber befähigte das unbegrenzte Aufsichtsrecht, das die Ephoren durch das neue Gesetz übernahmen und das sie auch auf die Könige ausdehnen
konnten, dieselben, in alle Rechte der Könige unter dem
Vorwande der Aufsicht einzugreifen. Begünstigt wurde
der fernere Uebergang der königlichen Rechte auf die
Ephoren dadurch, dass in Folge des neuen Gesetzes die
Könige, wie jeder andere Spartiate, für seine Handlungen
verantwortlich gemacht werden konnte. Es galt wahrscheinlich in Sparta seit den ältesten Zeiten der Grundsatz, dass der König nicht über, sondern unter den Gesetzen stehe, dass auch der König nicht gesetzwidrig
handeln dürfe. Eine praktische Bedeutung konnte jedoch
dieser Grundsatz erst dann erhalten, wenn es eine Behörde gab, die auch den Königen gebieten, dieselben
vor Gericht fordern konnte. Als gesetzwidrig wurde in
Sparta auch jede Handlung betrachtet, die dem Staate
zum Schaden gereichte. Die nächste Folge hievon war,
dass es für die Könige sehr gefährlich wurde, manche
Rechte, die ihnen auch während der Ephorenherrschaft
geblieben waren, auszuüben, da sie nicht im vorhinein
wissen konnten, ob die Unternehmung auch glücklich
enden, ob sie dem Staate nicht zum Schaden gereichen

werde. Das Recht der Anführung im Kriege wurde
beispielsweise ein gefährliches Recht, da der König nicht
wissen konnte, ob er auch den Sieg davontragen werde.
Der gegenseitige Hass der beiden königlichen Parteien
trug wohl das meiste dazu bei, dass die Verantwortlichkeit in so schroffer Weise den Königen gegenüber ge-
handhabt wurde; denn im 5. Jahrhundert wurde nach
jeder missglückten Unternehmung jeder König nicht von
den Ephoren, sondern von seinen Feinden, also der königlichen Gegenpartei, angeklagt und vor Gericht gezogen.
Man wird sich demnach auch nicht wundern, wenn unter
solchen Verhältnissen die Könige sich vor jeder Verantwortung zu schützen suchten, wenn sie die Zustimmung
der Ephoren auch in solchen Fällen einholten, in denen
sie gesetzlich berechtigt waren, selbständig vorzugehen,
wenn sie also Rechte, die ihnen gewahrt geblieben, oft
freiwillig nicht mehr ausübten. Die Nichtausübung des
Rechtes musste jedoch allmählig den Verlust desselben
zur Folge haben. Wenn die Könige oft die Zustimmung
der Ephoren einholten, so musste dieser Zustand bald
als der herkömmliche und damit als der gesetzliche betrachtet werden. Auf diese Art mussten wegen der Verantwortlichkeit mehrere königliche Rechte gleichsam von
selbst nach und nach ganz auf die Ephoren übergehen.

Man kann im allgemeinen in 'dieser weitern Entwicklung des Ephorats drei Perioden unterscheiden, die
jedoch, eben weil die Entwicklung eine allmählige war,
nicht scharf von einander getrennt werden können.

Die erste Periode endet mit dem Tode des Königs
Kleomenes 1. (c. 488). Es ist dies die Zeit der
faktischen Wechselherrschaft zwischen den Königen und
Ephoren. Eine Ausdehnung der Rechte auf Kosten der
königlichen war demnach in dieser Periode den Ephoren
erschwert. Nachweisbar ist nur, dass sie die Aufsicht
auch auf die Könige ausdehnen, jedoch nicht selbständig,
sondern erst nach einem Beschlusse der Gerusie gegen

dieselben vorgehen und dass die Könige als verantwortlich vor Gericht gezogen werden können.

Die zweite Periode dauert ungefähr bis zur Schlacht
bei Mantinea 362. Sie umfasst die Zeit der Machtentwicklung Spartas und der Begründung der dauernden
Ephorenherrschaft. In dieser wird der allmählige Uebergang aller wichtigen den Königen verbliebenen Rechte
auf die Ephoren, der sich nach dem Zusammenbruche
der Macht Spartas rasch vollzieht, angebahnt. Die Ephoren
sind in dieser Zeit würdige Vertreter des Staates und
handeln grösstentheils zum Wohle des Staates. Die Einigung der Könige, die zur Erreichung eines bestimmten
Zweckes hie und da in der letzten Zeit dieser Periode
auftritt, schädigt durchaus das Ansehen Spartas, da die
Könige hierbei sich von persönlichen Rücksichten leiten
lassen.

Die dritte Periode dauert bis zur Beseitigung des
Ephorats durch Kleomenes III. um 226. Es ist dies
die Zeit des Verfalls Spartas und der Ephorentyrannei.
Die Ephoren übernehmen nicht nur alle wichtigen den
Königen noch verbliebenen Rechte, sondern entledigen
sich auch des Einflusses der Gerusie und der Volksversammlung, die nur die Criminalgerichtsbarkeit und das
Gesetzgebungsrecht behielten; sie werden dadurch zu
einjährigen unumschränkten Alleinherrschern. Es gelangen
grösstentheils unwürdige Männer zum Ephorate, die ihre
Macht zu egoistischen Zwecken benützen. Es kann dieser
Uebergang zur Tyrannis in den Einzelheiten nicht genau
verfolgt werden, da nach der Schlacht bei Mantinea
gleichzeitige Quellen über die griechische Geschichte theilweise nicht erhalten sind, die erhaltenen über das nun
unbedeutende Sparta wenig berichten. Schon Platon [1])
und Aristoteles [2]) betrachten die Herrschaft der Ephoren
als eine tyrannische. In der Mitte des 3. Jahrhunderts

---

1) leges 712. — 2) Pol. B. 9.

vor Chr. in den letzten Zeiten des Königthums, über die
uns zuverlässige Quellen in den Lebensbeschreibungen
der Könige Agis III. und Kleomenes III. zu Gebote
stehen, sind sie vollkommen unumschränkt. Der Uebergang
zur Alleinherrschaft und die Ausartung derselben in eine
Willkührherrschaft hängt jedenfalls zusammen mit den
grossen Veränderungen, die im innern Staatswesen der
Spartaner in der Mitte des 4. Jahrhunderts eintraten.
Durch die Verwüstungszüge des Epaminondas nach Lakonien und den Verlust Messeniens verarmte mit einem
Schlage ein grosser Theil der Spartaner. Auch Gesetze,
die jetzt erlassen wurden, trugen dazu bei, dass der
Grundbesitz in die Hände weniger Familien überging,
die Mehrzahl der Spartiaten ganz verarmte. In den
letzten Zeiten des Königthums gab es noch etwa 700
Familien, von denen 100 das ganze Grundeigenthum besassen und davon war ein grosser Theil in Weiberhän-
den [1]). Diese Verarmung der meisten Spartaner hatte
grossen Einfluss auf das Ephorat. Der Wahlart wegen
mussten nun, wie schon Aristoteles [2]) angibt, gewöhnlich
Arme zum Ephorate gelangen. Diese sorgten nicht für
das Wohl des Staates, sondern für ihren persönlichen
Vortheil. Sie suchten sich durch Staatsgelder, überhaupt
durch unlautere Mittel, zu bereichern. Die Messenier
warfen den Spartanern vor, es hätten sich im phokischen
Kriege alle, die Könige, Ephoren, Geronten und Vor-
nehmsten von den Phokaeern mit dem Tempelschatze
bestechen lassen [3]). Wichtiger ist das Zeugniss des Aristoteles, der scharf die Bestechlichkeit der Ephoren rügt.
„Ihre Bestechlichkeit habe sich schon sonst in mehreren
Beispielen gezeigt und noch erst neulich bei der Ver-
handlung wegen den gemeinschaftlichen Mahlzeiten.
Einige bestochene Ephoren handelten dabei so, dass sie

---

1) Pl. Agis c. 5 u. 7; Arist. Pol. B. 9. — 2) Pol. B. 9. —
3) Paus. IV. 5. 4

was an ihnen lag, den ganzen Staat zu Grunde gerichtet
hätten [1]“.

Dass sie auch die Abgaben wenigstens theilweise
selbst verwendeten, erhellt aus dem Gebahren des Ephor
Agesilaus unter Agis III. „Er scheute sich vor keiner
Ungerechtigkeit, sobald sie ihm Geld einbrachte. Er
schob sogar, ohne dass damals der Zeitumlauf eine solche
Massregel verlangte, im vollen Widerspruch mit der gesetzlich bestimmten Zeitordnung einen dreizehnten Monat
in das Steuerwesen ein und betrieb darnach die Zah-
lungen [2]). Ein anderer Ephor, Amphares, der kostbare
Kleidungsstücke und Trinkgefässe von der Mutter des
Königs Agis entlehnt hatte, brachte nach der Meinung
der Zeitgenossen den König und dessen Mutter deshalb
auf das Blutgerüst, damit er die entliehenen Gegenstände
nicht mehr zurückgeben müsse [3]). Der spätere König
Kleomenes III. brachte die Ephoren, wenn er Krieg
führen wollte, durch Geldschenkungen leicht dahin, dass
sie ihm einen Feldzug dekretirten [4]“.

Diese Beispiele, in denen der Eigennutz unverblümt
und in der rohesten Form hervortritt, zeigen zur Genüge,
welche Sorte von Menschen in dieser letzten Periode gewöhnlich zum Ephorate gelangte. Dass sich solche
Ephoren über Rechte der Könige, Gerusie und Volksversammlung hinwegsetzten, besonders wenn sie irgend
eine Berechtigung hiezu in ihren faktischen Rechten zu
erblicken glaubten, ist nicht unwahrscheinlich. Es
herrschte ja überhaupt vielmehr das Geld, als die Gesetze.

Nach dieser kurzen Skizzirung des allgemeinen Ent-
wicklungsganges des Ephorats will ich noch die einzelnen
Rechte, die die Ephoren durch das neue Gesetz theils
unmittelbar übernahmen', theils mittelbar sich erwarben,
im besondern besprechen.

---

1) Pol. B. 9; B. 10. — 2) Plut. Agis c. 16. — 3) ibid. c. 18
u. 20. — 4) Plut. Cleom. c. 6.

1. Die unmittelbar übertragenen Rechte.

Die Ephoren traten in Folge des neuen Gesetzes
als zeitweilige Vertreter der Könige, wie schon erwähnt,
in die Gerusie ein und übernahmen in derselben alle
Rechte, die vorher die Könige als Häupter der Gerusie
in dieser Versammlung hatten. Demnach erhielten sie
das Recht, die Geronten zur Versammlung zu berufen [1]),
in derselben den Vorsitz zu führen und die Verhandlungen zu leiten. Es erwähnt schon Herodot unter den
Vorrechten der Könige nur noch, dass sie im Rathe der
Alten mitsitzen [2]) (παρίζειν), jedoch nicht mehr, dass sie
ihn leiten dürfen.

Die Gerusie hatte einen grossen Einfluss auf die
Gesetzgebung, indem alle Gesetzesvorschläge erst dann
vor die Volksversammlung zur Annahme oder Verwerfung
gebracht werden konnten, wenn sie in der Gerusie durchberathen und von der Majorität genehmigt waren [3]). Durch
ihren Eintritt in die Gerusie erhielten sie nun auch Antheil an der Gesetzgebung und das Recht der Initiative,
indem sie, wie jeder Geront, Gesetze vorschlagen konnten.
Dieses Recht war ohne Zweifel für die eigentlichen
Staatslenker von grosser Bedeutung und konnte viel zur
Erweiterung ihrer Befugnisse beitragen. Sie scheinen
auch in der letzten Periode alle Gesetze, die entstanden,
beantragt [4]) und vielleicht das Recht der Initiative dadurch ganz an sich gebracht zu haben; wenigstens
brachte der König Agis III. seinen Gesetzesvorschlag,
betreffend die Nachlassung der Schulden und die neue
Vertheilung des Grundbesitzes, nicht selbst, sondern durch
den Ephoren Lysander vor die Gerusie [5]).

Die Gerusie war zugleich der Kriminalgerichtshof,
jenes Gericht, in dem über grössere Verbrechen, Klagen

---

1) Herod. V. 40. Xenoph. Hell. III. 3 8 (μικρὰ ἐκκλησία). —
2) Herod. VI. 57. — 3) Plut. Agis c. 11. — 4) Plut. Lys. c. 17.
Plut. Agis. c. 5. — 5) Plut. Agis c. 8.

über Mord und Gewaltthätigkeit und wohl auch Vergehen gegen den Staatsvortheil abgeurtheilt wurde, das über Leben und Tod, Landesverweisung und anderes ähnliche entschied [1]).

Die Ephoren erhielten durch ihren Eintritt in die Gerusie auch einen grossen Antheil an der Criminalgerichtsbarkeit [2]), indem nun während der Dauer der Uneinigkeit alle Klagen, über die die Gerusie zu entscheiden hatte, bei ihnen, als Leitern dieser Versammlung, eingebracht werden mussten [3]), sie demnach, nicht die Könige, auch die Voruntersuchung durchführten und das Recht übernahmen, in dringenden Fällen die Angeklagten verhaften und ins Gefängniss werfen zu lassen [4]), bis vor dem Gerichte der Geronten über ihr Vergehen verhandelt und das Urtheil gesprochen wurde [5]).

Als Aufseher des Staates treten die Ephoren manchmal selbst als Kläger auf, namentlich Beamten oder Feldherrn gegenüber [6]).

Sie erhielten natürlich auch dieselben Rechte den Königen gegenüber, seitdem diese verantwortlich gemacht werden konnten; denn die Könige wurden seit den ältesten Zeiten bloss als die Ersten unter den Gleichen betrachtet.

Sobald nun eine Behörde entstand, die den Königen gebieten konnte, wurden diese selbstverständlich so behandelt, wie von jeher die übrigen Homöen, weil Ausnahmsgesetze für die Könige noch nicht vorhanden waren, erst hätten gebildet werden müssen. Es werden demnach auch die Könige bei den Ephoren angeklagt, sie müssen, von den Ephoren zitirt, vor denselben erscheinen, nur wurde, unbekannt wann, zu ihren Gunsten

---

1) Arist. Pol. Γ. 1. Δ. 9. — 2) Xenoph. Anab. 2. 6. (τὰ τέλη) Paus. III. 5. 1. fg. — 3) Herod. VI, 82 u. s. w. — 4) Xenoph. de republ. Lac. VIII. 4. Thukyd. I. 131. — 5) Xen. Hell. V. 4. 24 fg. Xen. Anab 2. 6. 4 u. s. w. — 6) Xen Hell. V. 4. 24. — de republ. Lak. VIII. 4.

das Ausnahmsgesetz gemacht, dass sie einer zweimaligen
Ladung den Gehorsam versagen konnten und erst der
dritten gehorchen mussten [1]). Sie konnten gleichfalls
von den Ephoren ins Gefängniss geworfen werden [2]), bis
vom Gerichtshofe der Geronten ein freisprechendes oder
verurtheilendes Urtheil gefällt wurde [3]). Selbst die Todes-
strafe wurde, wie über Spartiaten, so auch über den
König verhängt [4]), jedoch — ausser am Regenten Pau-
sanias wegen des versuchten Verrathes [5]), und am Könige
Agis III., der in den Zeiten der Willkührherrschaft der
Ephoren ungesetzlich verurtheilt wurde [6]) — an den
Königen nicht vollzogen; sie flohen, oder man liess sie
gewöhnlich vor der Verurtheilung aus Sparta fliehen.
Diese Rechte besitzen die Ephoren schon in der ersten
Periode; es musste eben schon bei dem ersten praktischen
Falle entschieden werden, ob man für die Könige Aus-
nahmsgesetze geben wolle. Dies geschah nicht. Schon
Kleomenes I. wird vor den Ephoren angeklagt und vor
Gericht gezogen, Pausanias ins Gefängniss geworfen,
überhaupt wie ein anderer Spartiat behandelt.

. In der Gerusie ruhte endlich die eigentliche Macht
der Ephoren. Seit den ältesten Zeiten war es herkömm-
lich, dass sich die Könige vor der Ausübung wichtiger
Regierungshandlungen des Rathes der Alten bedienen ·
sollten. Nur mögen die Könige, wie Kleomenes I., wenn
sie einig waren, manchmal blos deshalb die Gerusie nicht
berufen haben, weil es unnöthig war, in so fern sie der
Zustimmung derselben im vorhinein versichert waren.
Die Ephoren mussten als Stellvertreter der Könige natürlich auch dieses Herkommen beobachten; sie waren
jedoch auch in Folge des neuen Gesetzes, wenigstens in
der ersten Periode ihrer Machtentwicklung, viel mehr an

---

1) Plut. Kleom. c. 10. — 2) Thuk. I. 131. Pl. Agis c. 19. —
3) Herod. VI. 85. VI. 72. Thuk. II. 21. V. 63 Plut. Perikl. c. 22. Pl.
Agis c. 11 — Herod. VI. 82 Thuk. I. 95 (Paus. III. 5 2). — 4) Xen.
Hell. III. 5. 25. — 5) Thuk. I. 134. — 6) Pl. Agis c. 19. 20.

die Gerusie gebunden, als je früher die Könige. Hier hatten sie ja die Entscheidung zu fällen zwischen den hadernden Königen; an der Auktorität dieser Versammlung mussten sie die Stütze suchen, um als Vertreter der Gemeinde gegenüber der göttlichen Auktorität, der von Herakles stammenden Könige, auftreten zu können. Es bildete sich während dieser ungefähr hundertjährigen Entwicklung der Grundsatz aus, dass die Ephoren ohne Zustimmung der Gerusie wichtige Regierungshandlungen nicht vornehmen können, weshalb sie auch in der zweiten Periode bis ins vierte Jahrhundert immer mit Zustimmung der Gerusie handeln, nur als Vollstrecker der Beschlüsse der „τὰ τέλη", der durch die Ephoren erweiterten Gerusie, erscheinen.

In der dritten Periode gelingt es den Ephoren, sich von der τὰ τέλη unabhängig zu machen. Erleichtert mochte ihnen dieses Streben dadurch geworden sein, dass es kaum eine scharfe Gränzlinie zwischen wichtigen und minder wichtigen Regierungsakten gab, dass die Fälle in denen die Ephoren den Beschluss der Geronten einholen sollten, nicht gesetzlich fixirt waren, dass es also ihrem Ermessen anheimgestellt war, welche Fälle sie als wichtig betrachten und bei welchen demnach die Zustimmung der Gerusie einzuholen sei.

Wir sehen ferner, dass schon am Ende der zweiten Periode die beiden Könige wenigstens zu vorübergehenden Zwecken sich einigen. Dadurch wurde der Einfluss der Ephoren auf die Gerusie geschwächt, da ja derselbe nur auf der Uneinigkeit der Könige beruhte. Um ihren Willen durchzusetzen, scheinen manchmal die Ephoren der Auktorität der τὰ τέλη die der ἐκκλησία entgegengesetzt, dieser ihre Anträge zur Beschlussfassung vorgelegt zu haben. Endlich mögen manche Ephoren der dritten Periode, die sich um gesetzliche Bestimmungen wenig kümmerten, auch einen Beschluss der Gerusie nicht eingeholt haben.

Durch das neue Gesetz erhielten die Ephoren auch
das Recht, statt den Königen, so lange diese uneinig
waren, die Volksversammlung zu berufen [1]) und
die Verhandlungen in derselben zu leiten. Sie konnten
als Mitglieder der Gerusie in derselben wie die Könige [2])
und wohl auch die Geronten Anträge stellen [3]) und der
vorsitzende Ephor brachte die Anträge zur Abstimmung [4]);
dieser entschied auch, da die Spartaner noch nach homerischer Art durch Zuruf die Entscheidung gaben, für
welchen Antrag sich das stärkere Geschrei erhoben habe,
oder ordnete eine andere Abstimmungsart an, wenn er
durch die erstere kein sicheres Urtheil gewonnen zu
haben glaubte. Die Volksversammlung verlor in der
dritten Periode auch das wichtige Recht der Entscheidung über Krieg und Frieden an die Ephoren. Es scheint,
dass, wie erwähnt, die Ephoren die Volksversammlung
benützten, um den Einfluss der Gerusie zu beseitigen,
hierauf aber auch die Zustimmung des Volkes zu Regierungsakten nicht mehr einholten, höchstens das Volk
benützten, um einen Druck auf die Gerusie auszuüben [1]).
Das Volk, das in den aus seiner Mitte hervorgegangenen
Ephoren, vielleicht oft mit Recht, mehr Vertreter des
δῆμος gegenüber der Reichen, als des Staates sah, mochte,
wie Aristoteles sich ausdrückt, zufrieden sein, dass das
wichtigste Amt in seinen Händen sei, wenn auch dessen
Inhaber sich Rechte des Volkes zueigneten.

Durch das neue Gesetz erhielt ferners das Aufsichtsrecht der Ephoren eine weitere Ausdehnung.
Wie schon erwähnt, übergab wahrscheinlich Theopomp
den Ephoren einen Theil der darauf bezüglichen königlichen Befugnisse wenigstens auf minder wichtigen Gebieten für immer. Mit der Aufsicht war auch ein
Strafrecht verbunden; denn jeder Beamte hatte, was in

---

1) Pl. Agis c. 9. — 2) Thuk. I. 79. — 3) Thuk. I. 85. —
4) Thuk. I. 87.

einem so reinen Militärstaate, wie Sparta, nicht auffallend
ist, eine gewisse Gerichtsbarkeit, die sich wohl nur auf
Disciplinarvergehen erstrecken durfte. Die Ephoren blieben
jedoch die den Königen untergeordneten Polizeiorgane;
demnach konnten die Könige immer noch in alle Gebiete
der Aufsicht eingreifen. So sehen wir, dass das einemal
der König Kleomenes I. den Aristagoras selbst aus Sparta
ausweist, in einem andern Falle den Maeandrios durch die
Ephoren ausweisen lässt. Manche Gebiete der Aufsicht,
oder wenigstens das Strafrecht bei schweren oder wichtigeren Fällen, mögen sich die Könige für immer reservirt haben. Durch das neue Gesetz wurde zeitweise jedes
Aufsichtsrecht den Königen entzogen und auf die Ephoren
übertragen; das Gesetz war ja entstanden in Folge der
Erfahrung, dass die Könige schlechte Wächter der Gesetze seien, dass sie selbst die Gesetze übertreten, dass
sie zeitweise einer Aufsicht bedürftig seien; es war demnach nur konsequent und auch im Staatsinteresse geboten,
wenn sie während der Zeit ihrer Uneinigkeit als unfähig
erachtet wurden, eine Aufsicht über den Staat zu führen.
Das Aufsichtsrecht der Könige war jedenfalls ein unbe-
gränztes; es entwickelte sich aus der alten Pflicht der
Könige, den Frieden im Innern aufrecht zu erhalten.
Demnach war auch das, durch das neue Gesetz den
Ephoren übertragene, nicht gesetzlich fixirt, sondern unbegränzt und noch einer weitern Ausdehnung fähig.

Es ist selbstverständlich, dass die Aufsicht auch auf die
Könige ausgedehnt wurde, theils weil die Erfahrung ge-
lehrt hatte, dass sie ihrer hohen Aufgabe nicht entsprachen und ihre Regierungshandlungen manchmal einer
Controlle bedürftig seien, theils weil Ausnahmsgesetze
für sie noch nicht bestehen konnten, solche erst hätten
gemacht werden müssen.

Man betrachtete sie daher bloss als Homoeen und
demnach unterlagen sie, wie diese, der Aufsicht der
Ephoren, die dieselbe den Königen gegenüber Schritt für

Schritt immer mehr zur Geltung brachten. Dieses Aufsichtsrecht war von grosser Bedeutung für die weitere Entwicklung des Ephorats: da es unbegränzt war, so waren die Ephoren durch dasselbe befähigt, in alle möglichen Verhältnisse einzugreifen und dadurch ihre Macht immer mehr auf Kosten der königlichen zu erweitern. Theoretisch waren den Königen alle alten Rechte, die auf die Kriegsführung Bezug hatten, durch das neue Gesetz unversehrt geblieben. Die Ephoren konnten jedoch unter dem Vorwande der Aufsicht auch in die Kriegsführung eingreifen und den Willen des Staates den Königen gegenüber zur Geltung bringen und dadurch denselben alle Rechte abringen oder sie zwingen, dieselben freiwillig nicht mehr auszuüben, so dass ihnen zuletzt nur noch das Recht der Anführung des Heeres verblieb. Ja, selbst in die priesterlichen Rechte der Könige einzugreifen, gelang den Ephoren unter dem Titel der Aufsicht. Sie waren endlich durch die Aufsicht im Stande, fortwährend einen Druck auf die Könige auszuüben, Einigungsversuche derselben zu verhindern, ihr Ansehen durch über sie verhängte Disciplinarstrafen zu untergraben und sie auf vielfache Art zu chikaniren und dadurch in Unterwürfigkeit zu erhalten.

In welcher Art die Ephoren ihr Aufsichtsrecht durchführten, darüber können wir aus den Quellen nur höchst allgemeine Anschauungen gewinnen. Viele Angaben der Quellen sind nicht zuverlässig. Manche haben gar nicht das Bestreben, den gewöhnlichen Gang der Aufsicht anzugeben, sondern den aussergewöhnlichen, die Ausnahmsfälle, oder Extravaganzen der Ephoren; andere überliefern uns vielleicht nicht wirklich geschehenes, sondern erdichtete Anekdoten; doch sind auch diese noch mit Vorsicht verwendbar, insofern sie eben die spartanischen Zustände nicht zu weit übertreiben durften. Die meisten sind, wie die Citate zeigen, aus späterer Zeit und geben uns mehr ein Bild über die Handhabung der Aufsicht

in der dritten Periode oder nach dem Untergange des
Königthums, als in der Zeit der Blüthe Spartas, zwei
Zeiträumen, die scharf von einander getrennt werden
müssen. Aber nicht blos in verschiedenen grösseren
Zeiträumen war die Handhabung der Aufsicht eine verschiedene, sondern bei dem jährlichen Wechsel der Ephoren auch in verschiedenen Jahren. Bei dem Mangel
an gesetzlichen Bestimmungen war die persönliche Anschauung der einzelnen Ephoren hauptsächlich massgebend, ob eine That überhaupt strafbar sei und wenn,
ob eine leichte oder schwere Strafe verhängt werden
solle. Die einen Ephoren hielten etwas für strafbar, was
andere in anderen Jahren straflos ausgehen liessen.
Manche Spartiaten mögen für ein Vergehen bestraft worden sein, das sie bei der That gar nicht als Vergehen
betrachteten. Die Grösse der Strafe wird jedenfalls je
nach dem Bildungsgrade, den persönlichen Anschauungen, vielleicht auch Launen der strafenden Ephoren, bei
demselben Vergehen in verschiedenen Zeiten verschieden
gewesen sein. Wenn Musiker mit mehr als 7 Saiten
auf der Kithara überhaupt nach Sparta gehen, so halte
ich dies für ein Zeichen, dass für gewöhnlich auch mehr
als 7 geduldet wurden und nur ausnahmsweise ein Ephor
unter dem Vorwande eines alten verrotteten Herkommens
Saiten abschnitt; denn nur dazu, um sich die Saiten von
den Ephoren abschneiden zu lassen, spannt man dieselben
nicht auf.

Da gesetzliche Bestimmungen mangelten, hätte nur
durch das Herkommen, durch die Beachtung der Präcedenzfälle eine gewisse Einheit in die Aufsicht gebracht
werden können. Es werden auch in vielen Fällen die Ephoren
das Herkommen zur Richtschnur genommen haben; jedoch
die Aufsicht war eine vielverzweigte, verwickelte, wegen
des jährlichen Wechsels des Amtes waren den Ephoren
viele Präcedenzfälle unbekannt und oft mochte einer bekannte Fälle von ungebildeten oder höchst einseitig ge-

bildeten Ephoren, die die Grösse ihrer Rechte nicht würdigen konnten, nicht zur Richtschnur des eigenen Handelns machen. Eine gewisse Willkühr musste demnach bei der Handhabung des Aufsichtsrechtes immer hervortreten, eben weil bei dem Mangel an gesetzlichen Bestimmungen die persönliche Anschauung des Ephoren entschied. Sie musste jedoch in eine förmliche Tyrannei ausarten, sobald Ephoren willkührlich handeln wollten, der Bestechung zugänglich waren oder Parteiinteressen verfolgten, was in der letzten Periode nicht selten vorgekommen sein mag. Da mag in manchen Jahren der Schrecken geherrscht haben und wenn die Spartaner eine solche Herrschaft ertrugen, so mag neben der Erwägung, dass mit Beginn des nächsten Jahres eine Aenderung von selbst eintreten werde, die Ursache in der Furcht vor den allgewaltigen Ephoren und in der Gewohnheit, sich unbedingt zu beugen, liegen. Nicht umsonst mögen dieselben neben ihrem Speisesaale die Bildsäule des Phobos aufgestellt haben [1]) oder manche, wie der Ephor Agesilaus [2]), sich Trabanten gehalten haben, unter deren Deckung sie es allein noch wagten, öffentlich zu erscheinen.

Eine alte Befugniss der Ephoren war die oberste Aufsicht über die Erziehung. Die unmittelbare Aufsicht hatte der Paedonom, den immer einige Peitschenträger begleiteten, damit er gleich, wo es nöthig war, strafen könne [3]). In besonderen Fällen, selbst unbedeutenden, wie z. B. wenn zwei Knaben, welche ringen, dem Befehle eines Spartiaten, auseinander zu gehen, nicht gehorchen, führte der Paedonom dieselben vor die Ephoren, die sie dann selbst bestrafen [4]). Die Ephoren erwählten die drei Hippagreten, die Anführer der berühmten Schaar

---

1) Plut. Kleom. c. 9. — 2) Plut. Agis c. 16. — 3) Xenoph. de republ. Lac. II. 2 — 4) ibid. IV. 6.

der dreihundert, die den König in den Feldzügen begleitete und im Kampfe deckte [1]. Sie waren die Leiter der öffentlichen Spiele, liessen die Chöre auf- und abtreten [2]; sie traten in den gymnastischen Spielen Tyrannen gleich auf und straften jeden sogleich auf der Stelle, den sie auf einer gesetzwidrigen Handlung betrafen [3]. Die Könige hatten bei allen Kampfspielen einen Ehrensitz [4]. Nicht vor der dritten Periode mögen die Ephoren auch verordnet haben, dass sich die Epheben alle zehn Tage nackt vor ihnen stellen, worauf sie deren Körper prüften, ob er eine männliche Leibesfarbe habe, nervig und stark sei. Der, bei dem die Prüfung günstig ausfiel, wurde gelobt; fette und aufgedunsene wurden durch Schläge bestraft [5].

Jeder Spartiate war der Censur der Ephoren unterworfen. Sie hatten die Gewalt zu strafen, wen sie wollten und konnten die Strafe auf der Stelle ausführen [6]. Sie sollen die Freier der Töchter des Lysander gestraft haben, weil sie dieselben verliessen, als sie sahen, dass Lysander kein Geld hinterlassen habe [7]. Einen, der darüber lachte, dass er nicht unter die dreihundert gewählt wurde, sollen sie sogleich deshalb zur Rede gestellt haben [8]. Einen andern sollen sie gestraft haben, weil er sich Beleidigungen geduldig gefallen liess [9].

Einen Spartiaten sollen sie mit einer Geldstrafe belegt haben, weil er einen reichen einem armen Liebhaber vorzog; einen rechtschaffenen Spartiaten, weil er keinen Liebhaber sich wählte [10]; einen anderen, weil sein Liebhaber einen unedlen Schrei bei den Kämpfen ausstiess [11]. In der späteren Zeit mögen sie auch Spartiaten wegen

---

1) ibid. IV. 3. — 2) Xen. Hell. VI. 4. 16. — 3) Xen. de rep. Lac. VIII. 4. — 4) Herod. VI. 57.; Xen. Ages. II. 17. — 5) Aelian 14. 7; Athen. 12. 550. — 6) Xen. de rep. Lac. VIII. 4. — 7) Plut. Apophth. S. 402; Aelian 6 4. — 8) Plut. Apophth. S. 406. — 9) Plut. Inst. Lac. S. 442. — 10) Aelian 3 10; Athenaeus 12 550. — 11) Plut. Lyk. c. 18.

Fettleibigkeit gestraft und Schwelger vor Gericht gezogen
haben, wo sie, falls sie ihre Lebensweise nicht ändern,
mit Landesverweisung bedroht worden sein sollen. Ferners die Kleidung der Spartaner beaufsichtigt haben, ob
sie den alten Vorschriften gemäss sei und die Köche,
ob sich ihre Kunst nur auf Fleischkochen beschränke,
was allein erlaubt war [1]).

Diese Angaben, deren Glaubwürdigkeit wohl vielfach anfechtbar ist, geben uns keineswegs ein treues
Bild von der Handhabung der Aufsicht durch die Ephoren, sondern eher ein Zerrbild. Ihr Strafrecht erstreckte
sich wohl keineswegs über Disciplinarstrafen, Strafen
an Geld oder Schläge; wenn sie für ein Vergehen eine
härtere Strafe angemessen fanden, mussten sie wohl den
Geronten die Entscheidung überlassen. Wenn gemeldet
wird, dass die Ephoren einen Mitfeldherrn des Lysander,
weil sie ihn im Besitze von Geld antrafen, hinrichten
liessen, so mag dadurch nur bezeichnet sein, dass sie die
Veranlassung zur Hinrichtung wurden, indem sie ihn vor
das Gericht der Geronten brachten [2]).

Eine ähnliche Bedeutung mag auch die Nachricht,
dass die Ephoren einen gewissen Tektamenes zum Tode
verurtheilten [3]), haben, wenn man derselben Glauben
schenken will. Es ist wohl auch nicht unglaubwürdig,
dass sie in der dritten Periode auch Todesurtheile selbständig gefällt haben, wenn man bedenkt, dass sie selbst
einen König, Agis III., dem Henker überlieferten, ohne
ein ordentliches Gericht über ihn abzuhalten; jedoch
verlässige Quellen berichten über die eigenmächtige Ver-
hängung von Todesurtheilen nichts und jedenfalls wäre
auch in dieser Zeit ein solches Vorgehen der Ephoren
gegen Spartiaten als ungesetzlich betrachtet worden. Am
Ende der zweiten Periode liess wohl König Agesilaus

---

1) Aelian 14. 7. — 2) Plut. Lys. c. 19. — 3) Plut. Apophth.
S. 370.

einige Spartiaten ohne richterliches Urtheil hinrichten.
Er war jedoch dazu berechtigt in seiner Eigenschaft als
oberster Kriegsherr. Es wurde jedoch damals dies Vorgehen des Agesilaus als der erste Fall betrachtet, dass
ein Spartiate ohne richterliches Urtheil hingerichtet
wurde [1]).

Die Ephoren theilten, ebenso wie sie Strafen ver-
hängten, auch Belohnungen oder Belobungen aus an die,
die sie für würdig erachteten. Nach der Schlacht bei
Mantinea sollen sie dem Sieger als Belohnung ein Stück
Fleisch gesendet haben [2]).|

Einem, der sich zu kühn ohne hinreichende Be-
waffnung in die feindlichen Reihen stürzte, sollen sie
zuerst wegen Tapferkeit mit einem Kranze belohnt, dann
aber um 1000 Drachmen gestraft haben, weil er gewagt
habe, „sich ohne Waffen in den Kampf zu stürzen [3])“.

Die Mutter des Brasidas sollen sie öffentlich geehrt
haben, weil sie einem Fremden, der ihren am Schlacht-
felde gefallenen Sohn als den tapfersten bezeichnete, er-
widert haben soll: ihr Sohn sei zwar tapfer gewesen,
müsse aber doch vielen anderen Spartiaten an Tapferkeit
nachstehen [5]).

Auch bei den spartanischen von den Königen be-
fehligten Heeren mussten gesetzlich zwei Ephoren an-
wesend sein, die nur eine Aufsicht zu führen hatten,
„zu sehen, was jeder thut [5])“.|

Als einen Ausdruck der beaufsichtigenden Gewalt
der Ephoren über die Spartiaten betrachtet man das
Edict, das sie beim Antritte ihres Amtes an die Bürger
ergehen liessen: „sie sollen den Schnurrbart abscheeren
und acht haben auf die Gesetze, damit sie nicht in deren
Strafe verfallen [6])“.

---

1) Plut. Ages. c. 32. — 2) ibid. c. 33 (οἱ ἄρχοντες). — 3) ibid.
c. 34 vgl. Aelian 6 3. — 4) Diod. 12 74. Plut. Apóphth. S· 362. —
5) Herod. IX. 76; Xen. Hell. II. 4 36; Xen. de repl. Lac. 13 5. —
6) Plut. Kleom. c. 9 (Citat von Aristóteles).

Mit dieser bis ins kleinlichste gehenden Censur der Spartiaten hängt zusammen die Sorge der Ephoren, schädliche Einflüsse vom Auslande abzuhalten. Gewisse Vorsichtsmassregeln dagegen waren wohl schon in alter Zeit durch Gesetze getroffen worden; diese wurden ohne Zweifel vermehrt, als das Beispiel des Pausanias zeigte, dass ihnen „ihre besten Leute im Auslande verdorben werden". Selbst über den durch die Anmassung des Pausanias herbeigeführten Verlust der Seehegemonie scheinen sich die Lakedaemonier anfangs deshalb nicht schwer getröstet zu haben, weil sie keine Leute mehr auszusenden brauchten, die ihnen im Auslande verdorben werden könnten [1].

Bis zum Ende des peloponnesischen Krieges wechselte jährlich die peloponnesische Flotte den Befehlshaber; es durfte ferner gesetzlich ein gewesener jährlicher Flottenanführer nicht noch einmal Anführer werden; die dreissig Spartiaten, die den Agesilaus nach Asien begleiteten, wurden nach Ablauf eines Jahres abberufen und durch dreissig andere ersetzt [2].

Es sind dies Verordnungen, die verhindern sollten, dass ein und derselbe Spartiat länger als ein Jahr im Auslande zubringe, damit er nicht der heimischen Sitten entwöhnt werde und schädliche Einflüsse vom Auslande mitbringe. Fremde, welche nach Sparta kamen, wurden überwacht. Kleomenes liess den Macandrios, der ihn bestechen wollte, durch die Ephoren aus dem Lande weisen, damit er nicht bei andern Spartanern Bestechungsversuche machen könne [3].

Schöne Weiber in lakonischen Städten, die die Spartiaten jung und alt zu verführen schienen, wurden überwacht und eventuell auch auf Befehl der Ephoren verhaftet und zur Bestrafung nach Sparta abgeführt [4].

1) Thuk. I. 95. — 2) Xen. Hell. III. 4 20. — 3) Heród. III.
148. Thuk. I. 144. — 4) Xen. Hell. III. 38.

Einigen fremden Musikern wurden von Ephoren. wenn sie auf der Kithara mehr als sieben Saiten hatten, die als überflüssig erachteten, abgeschnitten, oder mit der Axt abgehauen [1]).

Von besonderer Wichtigkeit für Sparta war die Ueberwachung der unterworfenen Klassen der Bevölkerung, der Periöken und Heloten. Schon in der ersten Periode mögen die Agathoergen, jene fünf Spartiaten, die jährlich als die ältesten aus den Rittern austraten und in diesem Jahre als Botschafter nach allen Orten hingeschickt wurden, jedoch nirgends verweilen durften, vielleicht hauptsächlich zur Auskundschaftung von Periöken und Heloten verwendet worden sein [2]).

Namentlich herrschte jedoch in der zweiten Periode beständig eine grosse Furcht vor den Heloten vor, seit dem Versuche des Pausanias, mit Hülfe derselben eine Staatsumwälzung zu bewirken. Pausanias hatte ihnen die Freiheit und das Bürgerrecht versprochen, wenn sie sich mit ihm empören und seinen Plan durchzuführen helfen wollten [3]).

Es wurden nun neue Massregeln ergriffen, um die Heloten im Zaume zu halten, oft solche der furchtbarsten und grausamsten Art. Der Geschichtsschreiber dieser Zeit, Thukydides glaubt, „dass von jeher die meisten Massregeln der Lakedaemonier den Zweck hatten, sich gegen die Heloten sicher zu stellen [4])“.

Heloten, die sich schutzflehend in den Poseidontempel zu Tanaros flüchteten, wurden von dort weggelockt und dann entgegen den göttlichen Satzungen getödtet, ein Vorgang, den die Spartaner selbst als Frevel gegen die Gottheit betrachteten, der die Rache des Erderschütterers erregte, der ihnen dafür das grosse Erdbeben sandte, das Sparta zerstörte [5]).

---

1) Plut. Agis c. 10. Plut. Apophth. S. 364. — 2) Herod. I. 67. — 3) Thuk. I. 132. — 4) Thuk. IV. 80. — 5) Thuk. I. 128. (Paus. IV. 24 5).

Einige Jahre nach dem Tode des Pausanias brach
ein grossartiger Helotenaufstand aus, den die Spartaner
erst nach langjährigen Kämpfen und grossen Anstren-
gungen unterdrücken konnten. Auch während des peloponnesischen Krieges griffen sie zu furchtbaren und per-
fiden Massregeln gegen die Heloten. „Sie machten
bekannt, wer unter den Heloten recht tüchtig zu sein
glaube, ihnen im Kriege zu dienen, der solle sich zur
Auswahl stellen, gleich als wollten sie ihnen die Freiheit
schenken, in der That aber, um einen Versuch zu machen;
denn sie dachten, wer von ihnen am meisten nach der
Freiheit strebe, der werde auch in mannhaftem Ehrge-
fühl zuerst bereit sein, über sie herzufallen. So wurden
ihrer gegen zweitausend ausgelesen, die dann bekränzten
Hauptes als Befreite in den Tempeln umherzogen; die
Lakedaemonier aber liessen sie bald danach verschwin-
den, ohne dass irgend jemand merkte, wie jeder von
ihnen ums Leben kam [1]“.

Nach dem Unglücke bei Pylos erhielt die Heloten-
furcht, da viele Heloten zu den Atheuern nach Pylos
überliefen, eine neue Nahrung. Die Spartaner fürchteten,
es könnte eine Umwälzung ihrer ganzen inneren Verhältnisse eintreten und trafen dagegen Vorsichtsmassregeln [2].

Nun suchte man sich der Heloten auch dadurch zu
entledigen, dass man zu Kriegsunternehmungen in ent-
fernte Gegenden hauptsächlich Helotenheere ausrüstete,
in der Hoffnung, dass der grösste Theil in den Kämpfen
den Untergang finden werde. Auch dem Brasidas gab
man zu seinem Unternehmen in Thrakien 700 Heloten
als Schwerbewaffnete mit [1].

In der dritten Periode minderte sich diese Furcht
keineswegs, wenn auch schon durch Epaminondas ein
grosser Theil der Heloten als Beute fortgeschleppt wurde;

---

1) Thuk. IV. 80. -- 2) Thuk IV. 55.

denn bei diesen Unglücksfällen Spartas wurde auch die
Treue der Periöken wankend und nun scheint man auch
gegen diese schärfere Massregeln ergriffen zu haben.

Die oberste Aufsicht über die Unterworfenen war
gleichfalls eine Hauptaufgabe der Ephoren. Sie ordneten
alles dahingehörige an und betrauten mit der Ausführung die heranreifende Jugend. Sie kündigten, nach
der Angabe des Aristoteles, immer gleich nach ihrem
Amtsantritte den Heloten den Krieg an, damit man sie
ohne Blutschuld tödten könne. Sie ordneten die Krypteia
an, die vielleicht erst seit dem Steigen der Helotengefahr
eine grausame Einrichtung wurde. Nach der Angabe
Plutarchs, die uns die Krypteia wohl in der höchsten
Ausbildung zeigt, „schickten die Ephoren von Zeit zu
Zeit diejenigen Jünglinge, denen sie am meisten Klug-
heit zutrauten, ohne sonstige Zwecke aufs Land. Dieselben hatten nur einen Dolch und die nothwendigsten
Lebensmittel bei sich, ausserdem nichts. Während des
Tages zerstreuten sie sich an unbekannte Plätze, wo sie
sich versteckten und ausruhten. In der Nacht dagegen
kamen sie auf die Strasse herab und ermordeten jeden
Heloten, den sie einfangen konnten. Oft durchstreiften
sie auch die Felder, um die stärksten und kräftigsten
von ihnen zu ermorden [1]".

Es ist diese Angabe nicht unglaubwürdig, wenn man
bedenkt, dass doch auch schon gewandte Mordgesellen
nöthig waren, um 2000 Heloten in kurzer Zeit heimlich
wegzuschaffen, wie Thukydides angibt; doch dürfte diese
schroffe Ausbildung eher der dritten als der zweiten
Periode angehören. Auch in den lakonischen Städten
liessen sie die Bürger und Heloten überwachen und Ver-
dächtige nach Sparta bringen [2]), wo sie das Urtheil der
Ephoren zu erwarten hatten. Ueber die Unterworfenen,
Periöken und Heloten, scheinen die Ephoren ein unbe-

---

1) Plut. Lyk. c. 28. — 2) Xen. Hell. III. 3. 8.

gränztes Strafrecht gehabt zu haben. Wenigstens konnten sie zur Zeit des Isokrates, zu Beginn der dritten Periode, selbst Periöken, ohne richterliches Urtheil mit dem Tode bestrafen [1]).

Der Befehl zu den erwähnten Massenmorden der Heloten, nachdem man sie durch trügerische Versprechungen getäuscht hatte, wurde jedenfalls von den Ephoren gegeben, wenn auch wahrscheinlich in Folge eines Beschlusses der τὰ τέλη, die, wie es scheint, auch ohne einen Beschluss der Volksversammlung einzuholen, Heloten freisprechen konnte [1]).

Wenn somit die Vertreter des Staates das Recht hatten, Staatssklaven tödten zu lassen, so hatte doch nicht ohne Erlaubniss der Ephoren ein anderer Spartaner das Recht, Heloten beliebig zu ermorden. Die Quelle, die letzteres berichtet, ist schlecht beglaubigt [3]).

Durch das neue Gesetz übernahmen die Ephoren auch die Aufsicht über die Beamten, die nun ganz unter ihrer Controlle stehen. Sie dulden nicht, dass die erwählten Beamten das ganze Jahr hindurch amtiren, wie sie wollten [4]), sondern forderten sie auch während des Jahres zur Rechenschaft. Sie dehnten diese Controlle auch auf die Feldherrn aus, griffen dadurch in die Kriegsführung ein und versetzten manche in Anklagestand, wenn deren Thaten nicht dem Staate zum Vortheile gereichten. Auch auf die Geronten konnten sie die Aufsicht ausdehnen, ihr Betragen controlliren und sie zur Rechenschaft ziehen. Doch scheint dies selten geschehen zu sein, obwohl auch diese Behörde in der dritten Periode von der allgemeinen Sittenverderbniss angesteckt war.

Dem Aristoteles waren genug Beispiele bekannt, dass Geronten, aus Gefälligkeit oder durch Bestechungen bewogen, das allgemeine Beste dem Interesse dieser oder

---

1) Isocr. Panath. II. 181. S. 58. — 2) Xen. Hell. VI. 5. 28. —
3) Plut. Apophth. S. 412. — 4) Xen. de republ. Lac. VIII. 4.

jener Partei aufopferten. In dieser Zeit war nach der
gewiss richtigen Anschauung des Aristoteles die Art und
Weise, in der die Ephoren Beamte zur Rechenschaft
zogen, gänzlich verfehlt [1]).

In der zweiten Periode werden wohl die Ephoren
blos leichtere Disciplinarvergehen selbständig entschieden
haben, Beamte nur nach Einholung eines Beschlusses der
τὰ τέλη abgesetzt und grösserer Vergehen Angeklagte
vor das Gericht der Geronten gezogen haben. Dies ist
wenigstens das Verfahren Feldherren gegenüber, die auch
als Beamte betrachtet wurden.

Die Ephoren selbst waren selbstverständlich von der
Rechenschaft frei und unverantwortlich während ihrer
Amtsdauer; denn es gab ja nicht eine höhere Behörde,
die sie zur Verantwortung hätte ziehen können. Die
neuen Ephoren hätten wohl auch auf das Gebahren der
abgetretenen Ephoren während ihrer Amtsdauer die Controlle ausdehnen können.

In der dritten Periode, in der die Amtsführung hie
und da eine schamlose war, werden auch abgetretene
Ephoren zur Rechenschaft gezogen [2]), wenn auch sehr
selten [3]), vielleicht, weil häufig die neuen Ephoren nicht
besser waren als die abgetretenen, vielleicht auch, weil
erstere möglicherweise für sie selbst gefährliche Präcedenzfälle nicht schaffen wollten.

Wie erwähnt, mussten die Ephoren in Folge der
natürlichen Entwicklung die Aufsicht auch auf die Könige
ausdehnen. Schon aus der ersten Periode sind Fälle
überliefert, in denen sie, als Staatsaufseher, auch diese
Aufsicht ausübten. Sie sorgen dafür, dass der König
Anaxandridas eine andere Frau heiratete, damit das königliche Geschlecht nicht aussterbe. Sie überwachen das
Gebähren einer Königin, damit kein Kind unterschoben

---

1) Arist. Pol. B. 9. — 2) Arist. Rhet. Γ. 18. Plut. Agis c. 12. —
3) Arist. Pol. B. 9.

werden könne [1]). Sie wagen es jedoch in dieser Zeit
noch nicht, selbständig gegen den König vorzugehen,
sondern holen sich einen Beschluss der Gerusie, den sie
dem Könige verkünden. Freilich darf man aus diesem
Falle noch nicht den Schluss ziehen, dass die Ephoren
die spezielle Aufgabe gehabt hätten, zu wachen, dass
das Blut der Herakliden unverfälscht bleibe. Sie konnten
eben die Aufsicht im Staatsinteresse auch auf dieses Gebiet ausdehnen, waren aber nicht hiezu speziell verpflichtet;
wenn letzteres der Fall gewesen wäre, müsste man sie
manchmal als schlechte Wächter bezeichnen. So bean-
ständeten die Ephoren die Thronbesteigung des Demaratos
nicht, obwohl Ariston ihn bei seiner Geburt in einer
Sitzung mit den damaligen Ephoren nicht als seinen
Sohn anerkannte [2]).

Ebenso haben n i c h t die Ephoren die Thronbesteigung des Leotychides, den gleichfalls König Agis bei
dessen Geburt nicht als Sohn anerkannte, weil die Zeit
nicht übereinstimmte, sondern der Bruder des Agis,
Agesilaus, beanständet und verhindert, obwohl auch beim
Volke Leotychides nicht als Sohn des Agis, sondern des
Atheners Alkibiades betrachtet wurde [3]).

Es ist auch glaublich, dass in den ersten Perioden
die Ephoren nicht geduldet hätten, dass ein König ein
Weib heirate, das nicht aus dem Geschlechte der Herakliden war [4]); jedoch in der dritten Periode blieb es lange
unbeanständet, dass König Leonidas vor seiner Thronbesteigung mit einem ausländischen Weibe vermählt war und
Kinder erzeugte, bis aus rein politischen Gründen, um
den König beseitigen zu können, ein Ephor denselben
wegen dieses Vergehens gerichtlich belangte [5]).

Auch auf die Kriegsführung der Könige wurde die

---

1) Herod. V. 40. 41. — 2) Herod. VI. 61—65. — 3) Xen.
Hell. III. 3. 2. Plut. Ages. c. 3 (Paus. III. 8. 7). — 4) Platon Al-
kibiad. I. S. 121. c. — 5) Plut Agis c 11.

Dum, Ephorat.   9

Controlle ausgedehnt, jedoch in der zweiten Periode
weniger von den Ephoren als der königlichen Gegenpartei, die dadurch jenen in die Hände arbeitete. Es
werden eben die Könige nicht von den Ephoren, sondern
von ihren Feinden angeklagt, die sorgfältig jede Handlung des Gegenkönigs beobachteten und jede Gelegenheit benützten, um ihn vor Gericht zu ziehen, oder
wenigstens sein Ansehen durch wahre oder falsche Be-
schuldigungen zu mindern. Auch der Regent Pausanias,
dessen übermüthiges Benehmen als Anführer der hellenischen Flotte in Sparta wohl bekannt war und an
dessen Perserfreundschaft niemand zweifelte, wurde erst
auf die ausdrückliche Klage der Hellenen nach Sparta
berufen, um sich vor Gericht zu verantworten. Er wurde
nur wegen einigen persönlichen Beleidigungen zur Strafe
gezogen, wie es scheint, nicht von den Ephoren, sondern
den Geronten, die ihn auch von der Perserfreundschaft
freisprachen [1]).

Nach dem peloponnesischen Kriege scheinen die
Ephoren, da der Hass der Königshäuser sich minderte,
Anklagen und Verurtheilungen der Könige deshalb nicht
mehr stattfanden, den Königen gegenüber ihr Aufsichtsrecht in kleinlichen Dingen, wegen denen sie dieselben
selbst strafen konnten, zur Geltung gebracht und über
sie, wenn sie nur einen Vorwand fanden, Disciplinarstrafen verhängt zu haben. Den König Agis sollen sie
gestraft haben, weil er nach seiner Rückkehr vom Feldzuge gegen Athen einmal auch zu Hause essen wollte
obwohl dies den Königen gesetzlich erlaubt war [2]).

Dem Könige Agesilaus, der sich beim Volke beliebt
machte, sollen sie eine Geldstrafe auferlegt haben unter
dem Vorwande, „er mache die Bürger des Staates zu
eigenen Unterthanen [3])“.

---

1) Thukyd. 1. 95. — 2) Plut. Apophth. S. 390. — 3) Plut.
Agesil. c. 5.

Ein blosser Witz ist die Angabe, sie hätten den
König Archidamos getadelt, weil er eine zu kleine Frau
geheiratet hatte, unter dem Vorwande: „eine solche Frau
könne wohl Königlein, aber nicht Könige gebähren ¹)":
denn man darf doch den Ephoren nicht zutrauen, dass
sie solche Rechtsaussprüche im Ernste erlassen haben.
Annehmbarer wäre eine andere Angabe, „er wurde gestraft, weil er, während er eine schöne Frau hätte heiraten
können, eine hässliche aber reiche vorzog ²)", — wenn
nicht vielleicht diese nur eine Ummodelung der erstern
Angabe ist. In den beiden erstern Citaten, die historisch
zu sein scheinen, tritt klar die Absicht der Ephoren
hervor, den Königen ihre Gewalt fühlbar zu machen
und sie selbst unter den nichtigsten Vorwänden mit
Disciplinarstrafen zu belegen, um ihr Ansehen zu untergraben. Sie scheinen oft vor die Ephoren citirt worden
zu sein, da Xenophon von Agesilaus lobend hervorhebt,
dass er, obwohl in Asien siegreich, doch sogleich seinem
Staate gehorchte, „nicht anders, als wenn er allein vor
den Fünfen im Ephoreion stünde ³)".

Noch zur Zeit des Aristoteles war die Aufsicht eine
sehr strenge. Jedem Könige wurde, wenn er vom Staate
mit öffentlichen Aufträgen abgesandt wurde, einer seiner
Gegner mitgegeben, um ihn zu beobachten. Man suchte
auf jede Art eine Einigung der beiden Könige zu verhindern, suchte absichtlich Zwiste hervorzurufen. Man
betrachtete es, wie Aristoteles angibt, als ein Mittel zur
Erhaltung des Staates, wenn die beiden Könige uneinig
sind ⁴) — was jedenfalls richtig war, da durch die Einigung die Könige wenigstens den Einfluss der Ephoren
in der Gerusie beseitigen und dadurch deren Macht
schmälern konnten, wenn sie auch keinen Versuch mehr

---

1) Plut. Agesil. c. 2. (Theophrast). — 2) Athen. 13. 566 a
(Heraklides v. Lembos). — 3) Xenoph. Agesil. 1. 36. — 4) Arist.
Pol. B. 9.

machten, das nahezu seit zwei Jahrhunderten vergessene alte Gesetz, nach dem ihnen die Herrschaft gebührt, wenn sie einig sind, wieder zur faktischen Geltung zu bringen. Im dritten Jahrhunderte, in dem den Königen alle Rechte entwunden waren, war man mit den Königen zufrieden, wenn sie nur keine Macht erstrebten und sah ihnen auch vieles nach. König Leonidas war, bevor er zur Königswürde gelangte, grösstentheils im Auslande, hatte sich in Asien niedergelassen, mit einer asiatischen Frau vermählt und zwei Kinder gezeugt, obwohl das Gesetz jedem Herakliden verbot, ein ausländisches Weib zu ehelichen und jeden, der Sparta verliess, um sich anderwärts häuslich niederzulassen, mit der Todesstrafe belegte [1]).

Die Ephoren wurden endlich durch das neue Gesetz statt den Königen die Aufseher über den ganzen Staat, die Wächter über das Wohlergehen des Staates. Alles, was den Staat gefährden konnte, wurde bei den Ephoren angegeben und diese ergriffen dagegen, natürlich ausser in dringenden Fällen immer nach der Zustimmung der τὰ τέλη, ihre Massregeln. Sie vereitelten die Absichten des Pausanias [2]) und Kinadon [3]), die eine Staatsumwälzung zu Gunsten der Heloten hervorbringen wollten. Von den Ephoren wurde verlangt, sie sollten das viele Geld, das nach dem peloponnesischen Kriege nach Sparta kam, das die alten Sitten und Zucht und damit die ganze Staatsverfassung der Spartaner zu gefährden schien, wieder fortschaffen [4]). Der Staatsschatz stand unter ihrer Verwaltung. Sie nehmen die Kriegsbeute, die, wie es scheint, seit dem peloponnesischen Kriege nicht mehr unter die Sieger vertheilt, sondern von den Feldherrn nach Sparta gesandt wurde, in Empfang [5]). Sie empfangen und verwenden die Abgaben und verwalten überhaupt das gesammte Steuerwesen [6]). Sie

---

1) Plut. Agis c. 10. 11. — 2) Thuk. I. 132 134. — 3) Xen. Hell. III. 3. 5—11. — 4) Plut. Lysand. c. 17. — 5) Plut. Lys c. 16 (Diod. 13. 106). — 6) Plut. Agis c. 16.

theilten nach der unglücklichen Schlacht bei Leuktra
den Anverwandten die Namen der Gefallenen mit und
fügten für die Frauen die Weisung bei, kein Geschrei zu
erheben, sondern schweigend das Unglück zu ertragen [1].
Neben der Aufsicht wurde den Ephoren von Theopomp auch die Civilgerichtsbarkeit übertragen.
Sie behielten auch dieses Amt fortwährend, wie schon
erwähnt, und urtheilten demnach über alle Rechtshändel,
die das Mein und Dein und Kontrakte betrafen; es fällte
jedoch nicht das Collegium, sondern nach der Beschaffenheit der Gegenstände, der eine Ephor über diese, der
andere über andere Fälle das Urtheil [2]. Sie urtheilten
nicht nach schriftlichen Gesetzen, sondern nach dem
Herkommen, „sie richteten nach ihrer Einsicht, nicht
nach dem Buchstaben und Gesetze [3]". Die eigene Einsicht der Ephoren musste häufig zur blossen Willkühr
werden. Sie waren eben nur auf ein Jahr gewählt und
„nur aufs Gerathewohl aus dem Haufen gezogen", und
hatten demnach wohl kaum beim Amtsantritte diejenige
Kenntniss des Herkommens, die zum Rechtsprechen nöthig
gewesen wäre. Sie konnten sich wohl während der
Amtsdauer Rechtskenntnisse verschaffen und um dies zu
erleichtern, mag die Verfügung getroffen worden sein,
dass jeder Ephor nur über bestimmte Fälle urtheile;
jedoch ihr Amt dauerte nicht lange und dann kamen
wieder wenigstens theilweise rechtsunkundige Richter.
Eine Willkühr bis zu einem gewissen Grade musste
demnach schon der Wahlart der Ephoren wegen immer
eintreten; diese musste sich steigern, wenn sie auch
nicht mehr ihrer Einsicht, ihrem Rechtsbewusstsein folgten, sondern Bestechungen zugänglich waren und konnte
zur unerträglichen Tyrannei ausarten, da Schranken der
Willkühr durch Gesetzesbestimmungen nicht vorhanden waren.

---

1) Xen. Hell. VI. 4. 16. — 2) Arist. Pol. I'. 1. — 3) ibid. B. 9

Die Könige hatten sich von der Gerichtsbarkeit schon vor der Entstehung jenes Gesetzes, das ihnen zeitweise die Herrschaft entriss, einige Rechte reservirt, und wohl nur desshalb blieben ihnen diese, auch wenn sie uneinig waren. Zur Zeit Herodots waren sie noch im faktischen Besitze derselben; sie werden aber von ihm auch ausdrücklich als die einzigen Rechte der Könige in der Gerichtsbarkeit bezeichnet [1]).

Später, mit der weitern Schwächung der königlichen Gewalt, wurden ihnen auch diese Rechte entrissen. Im „Staat der Lakedaemonier" werden sie bei der Aufzählung der Rechte der Könige nicht mehr erwähnt [2]). Zur Zeit des Aristoteles war es „Erbtöchtern durch das Gesetz erlaubt, ihr Vermögen zu vermachen, an wen sie wollen. Und wenn eine ohne Testament stirbt, so hat selbst ihr Erbe eben das Recht, darüber nach freiem Wohlgefallen zu verfügen [3])".

Hierin ist jedenfalls indirekt auch ausgesprochen, dass der König nicht mehr, wie in der zweiten Periode, das Recht besass, die Hand einer Erbtochter zu vergeben.

Durch das neue Gesetz wurde endlich den Ephoren auch die Leitung der a u s w ä r t i g e n A n g e l e g e n -h e i t e n zeitweise übertragen. Wenn sie jedoch auch alle Vorverhandlungen durchführen konnten und hierin ausgedehnte Befugnisse besassen, so gaben sie doch die endgültige Entscheidung nicht selbständig, wie manchmal die Könige, wenn sie einig waren, sondern erst nach einem eingeholten Beschlusse der τὰ τέλη oder der Volksversammlung. Sie erscheinen aber als die allein berechtigten Verkünder und Vollstrecker dieser Beschlüsse. In der ersten Periode üben die auf das Auswärtige bezüglichen Befugnisse bald die Könige, bald die Ephoren aus, je nachdem erstere oder letztere eben die Herrschaft be-

---

1) Herod. VI. 57. — 2) Xenoph. de republ. Lac. c. 15. — 3) Arist. Pol. B. 9.

sassen; in den beiden letztern aber in Friedenszeiten nur
die Ephoren. Es wenden sich in dieser Zeit die fremden Gesandten im Frieden immer nur an die Ephoren
und werden nur von denselben empfangen [1]. Sie lassen
fremde Gesandte gar nicht die Grenze Lakoniens überschreiten, wenn sie wissen, dass ihnen die Anträge derselben nicht genehm sind [2]. Sie ertheilen den Gesandten
im Auftrage des Staates die Antwort oder verschieben
dieselbe auf einen günstigen Zeitpunkt [3]. Sie senden
Gesandte an fremde Staaten [4] und knüpfen mit denselben selbst ohne speziellen Auftrag von Seite des Staates
Verhandlungen an [5]. Sie suchen Spartas Einfluss in
fremden Staaten geltend zu machen und demselben dort
günstige Beschlüsse zu erzielen [6]. Sie erlassen im Auftrage des Staates einen Mordbefehl gegen den Athener
Alkibiades, von dem man fürchtete, er wolle die auswärtige Politik Spartas durchkreuzen [7]. Sie vollziehen
endlich die vom Staate abgeschlossenen Verträge oder
Friedensschlüsse und wenigstens der erste Ephor unterzeichnete nach den Königen die betreffenden Urkunden [8].

Wegen des jährlichen Wechsels der Ephoren konnten
in der Politik Spartas leicht Schwankungen eintreten,
wenn die nachfolgenden nicht der Politik der Vorgänger
huldigten. Diese Schwankungen mussten natürlich desto
stärker sein, je grösser die Macht der Ephoren war.
Schon während des peloponnesischen Krieges sind sie
nachweisbar. Nach dem Abschluss des fünfzigjährigen
Friedens und hierauf des Waffenbundes zwischen Sparta
und Athen suchte ein Theil der Ephoren, die im folgen-

---

1) Herod. III. 46. VI. 105 (ἐπὶ τοὺς ἄρχοντας) IX. 6. Thuk I. 90
(πρὸς τὰς ἀρχὰς) Plut. Kimon c. 6. Xen. Hell. III. 1. 1. V. 2. 11.
Plut. Themist. c. 19. Diod. 11. 40. u. s. w. — 2) Xen. Hell. II. 2.
13. — 3) Herod. IX. 6—11. (Plut. Arist. 10). — 4) Thuk. VI. 88.
Xen. Hell. III. 2. 29. — 5) Thuk. V. 36. — 6) Thuk. V. 46. Xen.
Hell. V. 2. 11. — 7) Plut. Alkib. c. 24 und 38. vgl. Thuk. VIII. 45.
— 8) Thuk. V. 19; 24; 36; Xen. Hell. III. 4. 26.

den Jahre gewählt wurden und Gegner der Verträge
waren, dieselben zu beseitigen. Dies gelang ihnen zwar
nicht, wohl weil die anderen massgebenden Behörden
Spartas noch zu mächtig waren; sie scheinen jedoch
wesentlich beigetragen zu haben zur Nichtausführung der
Friedensbedingungen und zu den folgenden gespannten
Verhältnissen mit Athen [1]). In der dritten Periode konnten
die nachfolgenden Ephoren eine Politik einleiten, die der
der Vorgänger geradezu entgegengesetzt war; nur Ge-
waltakte konnten dieselbe hemmen, wie wir während der
Regierung des Königs Agis III. sehen [2]).

Diese Rechte mussten häufig in Collision treten mit
den Rechten der Könige im Kriege, die als unumschränkte
Feldherren auch Unterhandlungen mit fremden Staaten,
mit dem Gegner anknüpfen, Waffenstillstände abschliessen,
Friedensunterhandlungen einleiten konnten. Die Vertreter des Staates gewannen natürlich das Uebergewicht,
die Könige üben ihre Rechte allmählig selbst nicht mehr
aus, wenn sie auch gesetzlich dazu berechtigt gewesen
wären. Demnach sehen wir in der dritten Periode die
Ephoren auch in Bezug auf die auswärtigen Angelegenheiten vom Einflusse der Könige und aller anderen Behörden vollkommen emancipirt; sie geriren sich als der
verkörperte Staat, beginnen und beenden selbst Kriege
selbständig [3]).

2. Mittelbare Folgen des neuen Gesetzes auf die Entwicklung des Ephorats.

Das neue Gesetz, das den Ephoren die Herrschaft
einräumt, wenn die Könige uneinig sind, erstreckte sich
wenigstens direkt nicht auf alle Funktionen der Könige.
Ihre Ehrenrechte, das Priesterthum, das Heerführeramt mit
der damit verbundenen Gewalt und Macht blieben unan-

---

1) Thukyd. V. 36. fg. — 2) Plut. Agis c. 11. 12. — 3) Plut.
Agis c. 13. 14. Cleom. c, 4. 5. 6.

getastet. Nur mittelbar und allmählig äussert sich ein
Einfluss des neuen Gesetzes auch auf diese Rechte in
Folge von den Berührungspunkten, die zwischen den
neuen Rechten der Ephoren und den den Königen verbliebenen vorhanden waren. Da eine feste Grenzlinie
zwischen den gegenseitigen Rechten nicht gezogen wurde
und auch kaum gezogen werden konnte, gingen, wie
erwähnt, in Folge einer langsamen natürlichen Entwicklung die Rechte der Könige grösstentheils auf die
Ephoren über.

Am wenigsten wurden die Ehrenrechte und das
Priesterthum angetastet, wohl weil religiöse Bedenken
dies verboten. Jene naiven kindlichen Ehrenrechte,
die so lebhaft an das homerische Königthum erinnern,
welche uns Herodot [1]) überliefert hat, blieben ihnen fast
durchaus gewahrt. Es lässt sich wenigstens nachweisen,
dass bis in die dritte Periode ihnen dieselben fast ganz
unverkümmert verblieben [2]). Zur Zeit des Agesilaus war
es Gesetz, dass der König am meisten geehrt werden
müsse und dass kein Spartiate mit grösserem Pompe
auftreten dürfe, als der König [3]); freilich musste er sich
nebenbei wieder gesetzlich als Gleicher unter Gleichen
fühlen [4]). Auch bei Unterschriften von Staatsurkunden
sehen wir zuerst die Namen der beiden Könige, dann
die von Ephoren und anderen Zeugen [5]). Bis zum Untergange des Königthums dauerte diese offizielle Verehrung.
Es herrschte damals noch die Anschauung, dass nicht
einmal die Feinde, die dem Könige in der Schlacht begegnen, leicht an ihm Hand anlegen, vielmehr sich ab-
wenden, theils aus Furcht, theils aus Hochachtung gegen
seine Würde [6]).

---

1) Herod. VI. 56—59. — 2) Xenoph. de rep. Lac. c. 15.
Thuk. V. 16. Xen. Hell. III. 3. 1. V. 3. 19. Xen. Agesil. 5. 1. Plut.
Ages. c. 1. c. 40. — 3) Xen. Hell. III. 4. 8. Plut. Ages. c. 7. Arist.
Pol. B. 9. — 4) Thuk. I. 132. — 5) Thuk. V. 19. 24. — 6) Pl.
Agis c. 21.

Vom Ephoren Agesilaus wird tadelnd bemerkt, dass er den einen König Kleombrotos gänzlich verachtete; bei dem andern, Agis III., sich den Schein gab, als ob er ihn mehr wegen seiner Verwandtschaft mit ihm, als wegen der königlichen Würde noch einigermassen in Ehren hielte [1],

Es liegt eine förmliche Ironie darin, dass der König, obwohl von einer Partei immer angefeindet und geschmäht, von den Ephoren chikanirt und oft als Verbrecher angeklagt und behandelt, doch noch offiziell am meisten geehrt werden musste und nach dem Tode sogar heroische Ehren empfing. Nur der allgemeine Glaube der Abstammung der Könige vom Halbgotte Herakles macht dieses Zwitterverhältniss erklärlich. Die Könige hingen an diesen Ehrenrechten, die wohl für die spätere aufgeklärtere Zeit nicht mehr passten und ihre praktische Bedeutung eingebüsst hatten. Sie scheinen sich für den Verlust an Macht durch den unbestrittenen Besitz der Ehrenrechte getröstet zu haben, wenn sie auch kaum damit zufrieden waren, wie Aristoteles angibt. Jedoch auch einzelne dieser Rechte, die noch einige Bedeutung hatten, wurden ihnen durch die Ephoren entzogen oder verkümmert. Die Ephoren standen von den Ephorenbänken nicht mehr auf, wenn die Könige kamen [2]. Ja, der König Agesilaus soll wohl aus Wohldienerei, nicht in Folge einer gesetzlichen Bestimmung, immer von seinem königlichen Stuhle beim Erscheinen der Ephoren aufgestanden sein [3]. Die Jahre wurden in Sparta, vielleicht wohl nur der Bequemlichkeit wegen, nachweisbar seit Beginn des peloponnesischen Krieges, offiziell nach dem ersten Ephoren benannt, nicht nach Regierungszeiten der Könige [4]. Die Könige konnten seit alter Zeit statt

---

1) Plut. Agis c. 16. — 2) Xenoph. de repl. Lac. 15. 6. Plut. Apophth. S. 352. — 3) Plut. Agesil. c. 4. — 4) Thukyd. II. 2. V. 19; V. 25. Paus. III. 11. 2.

zum öffentlichen Mahle zu gehen, auch zu Hause speisen;
in diesem Falle wurden ihnen zwei Chönix Gerstenmehl
und eine Kotyle Wein ins Haus geschickt [1]), König Agis
aber soll von den Ephoren bestraft worden sein, weil er
dieses Recht ausüben wollte [2]). Zur Zeit Herodots erklärte jeder König beim Antritte seiner Regierung jeden
Spartiaten, der dem Könige oder dem Staate etwas schul-
dete, frei von dieser Schuld [3]). In der dritten Periode
scheint dieses Recht nicht mehr ausgeübt worden zu sein.
Die Könige blieben auch die obersten Priester
des Staates. Sie brachten alle öffentlichen Opfer für den
Staat dar [4]), der für die hiezu nöthigen Opferthiere
sorgte [5]). Erst nach dem Untergange des Königthums
übernehmen die Ephoren auch die priesterlichen Funktionen der Könige. Die mit dem Priesterthume verbundenen Rechte, die Herodot erwähnt, bleiben den
Königen grösstentheils gewahrt. Unter diesen war am
wichtigsten und von einiger politischer Bedeutung das
Recht, mit der Gottheit zu verkehren. Sie gingen theils
selbst an die berühmten Orakelstätten, um den Gott zu
befragen [6]), theils sandten sie ihre zwei Pythier [7]). Sie
verwahrten unter Mitwissen dieser heiligen Gesandten
die eingelaufenen Weissagungen; auch die Haut des
Pherekydes lag im Archive der Könige [8]). Jedoch gerade
diese Rechte, durch die die Könige, wenn sie wollten, auch
grosse politische Erfolge erringen konnten, wie z. B. Kleomenes I. die Beseitigung des Demaratos, wurden den
Königen zwar nicht entzogen, aber von den Ephoren
wesentlich eingeschränkt, indem auch diese anfingen,
sich Weissagungen zu holen. Wann die Ephoren auch
dieses Gebiet betraten, ist unbekannt. Wir wissen nur,

---

1) Herod. VI. 57. — 2) Plut. Apophth. S. 390. Plut. Lyk.
c. 12. — 3) Herod. VI. 59. — 4) Herod. VI. 56. 57. Xen. Hell. III.
3. 4. Xen. de republ. Lac. 15. 2. — 5) Herod. VI. 57. Xen. de republ. Lac. 15. 3—5. — 6) Xen. Hell. III. 3 IV. 7. u. s. w. —
7) Herod. VI. 57. Xen. de rep. Lac. 15. 5. — 8) Plut. Pelop. c. 21,

dass am Ende der dritten Periode ihr Orakelwesen vollkommen geregelt war. Es schlief hie und da zu dieser Zeit ein Ephor im Tempel der Pasiphae zu Thalamae, um sich ein Traumorakel zu holen [1]).

Sie mögen wohl manchmal das geträumt haben, was sie träumen wollten. Dieser Eingriff in die königlichen Rechte musste wohl beinahe von selbst und ohne eigentlich bemerkt zu werden, kommen.

Im Tempel der Pasiphae konnte ohne Zweifel, wie an anderen griechischen Traumorakeln, jeder schlafen und sich ein Orakel holen, der wollte. Es war dies demnach natürlich auch den Ephoren gestattet; dann konnte man ihnen aber auch nicht verwehren, über Staatsangelegenheiten oder Vergehen der Könige zu träumen und musste den Traum als Orakel betrachten.

Dieses Traumorakel konnte natürlich, wie angedeutet, auch gegen das Königthum benützt werden. Direkt gegen das Königthum gerichtet und augenscheinlich nur zu dem Zwecke ersonnen, um die Macht und das Ansehen der Könige zu untergraben, ist ein Himmelszeichen, dessen sich die Ephoren im dritten Jahrhunderte bedienten. „In jedem neunten Jahre wählten sie eine unbewölkte, mondlose Nacht und betrachteten den Himmel. Wenn nun eine Sternschnuppe von einer gewissen Seite nach einer andern hinüberflog, so war ihnen dies ein Zeichen davon, dass die Könige gegen die Gottheit schuldbelastet seien und suspendirten sie von ihrer Würde, bis von Delphi oder Olympia ein Orakelspruch eintraf, der die verurtheilten Fürsten wieder freisprach [2])“. Es scheinen die Ephoren semitische Sagen, die auch in Lakonien bekannt waren, benützt zu haben, um diesen Schlag gegen das Königthum durchzusetzen.

Ob die Ephoren, wie die Könige mit den Pythiern, auch alte Weissagungen aufbewahrten, ist für diese Zeit

---

1) Plut. Agis c. 9. Pl. Cleom. c. 7. — 2) Plut. Agis c. 11.

icht überliefert. Als nach dem Untergange des König-
hums das Ephorat neuerdings entstand, bewahrten natür-
ch die Ephoren, die ja dann auch die priesterlichen
'unktionen der Könige übernahmen, die Weissagungen
n Ephoreion auf. Dort finden wir demnach auch die
[aut des Epimenides.

Das Kalenderwesen gehörte wohl auch zu den
riesterlichen Funktionen der Könige. Am Ende der
ritten Periode ist jedoch auch dieses in den Händen
er Ephoren, da überliefert wird, dass ein Ephor wider-
echtlich einen Schaltmonat einschob. Es ist nicht auf-
allend, dass diese Aufgabe auf die Ephoren überging,
a eben wieder Befugnisse der Ephoren und Könige sich
erühren.

Die Könige hatten als Priester die öffentlichen Feste
.nd Opfer, die Ephoren als Aufseher die öffentlichen
piele festzustellen und die Abgaben einzuheben.

Am meisten wurden die Rechte der Könige, die sich
.uf die Kriegsführung bezogen, indirekt beschränkt.
m Kriege besass der König in der ersten Periode die
mumschränkte Königsherrschaft, in der letzten nur noch
las Recht, Anführer zu sein.

Zu diesen Rechten der Könige gehörte das wichtige
Recht, Kriege zu beginnen, wann sie wollten und
gegen wen sie wollten. In der ersten Periode begann
Kleomenes I. alle Kriege selbständig, nicht bloss in der
Zeit, in der er mit Demaratos einig war, sondern auch
päter noch, nachdem die Uneinigkeit der Könige beim
!uge gegen Athen offenkundig geworden war. Es ist,
vie erwähnt, wohl nur dem Einflusse des Kleomenes auf
lie Gerusie zuzuschreiben, dass diese Uneinigkeit nicht
.uch den Verlust oder eine Beschränkung des könig-
ichen Rechtes, „Kriege zu beginnen", zur Folge hatte.
Es wurde das Gesetz erlassen, dass von nun an nur ein
König mit dem Heere ausrücken solle und in Folge
lessen auch nur einer der Zwillingsgötter, nur ein Tyn-

daride, zum Feldzuge mitgenommen werden sollte [1]). Der
König, der ins Feld zog, blieb also vollkommen unum-
schränkt und jetzt hatte jeder König das Recht, das
Heer zu einem Feldzuge aufzubieten.

Auch in der zweiten Periode blieben sie im Besitze
dieses Rechtes. Zur Zeit Herodots hatten die Könige,
wie dieser Geschichtsschreiber ausdrücklich angibt, das
Recht, „sogar den Krieg zu beginnen, gegen welches
Land sie immer wollen und kein Spartiate dürfe sie
daran hindern [2])“. Aber auch noch später, zur Zeit
Xenophons üben sie dieses Recht noch aus. Dies mag
aus folgenden Angaben erhellen:

„Der König Pausanias bot, als Athen im Jahre 404
von Lysander zur Seeseite, vom König Agis zur Land-
seite belagert wurde, das Heer auf (παραγγείλαντος . . .
Παυσανίου) und rückte mit der gesammten noch übrigen
Streitmacht von Lakedaemon und dem Peloponnes vor
Athen [3])“.

„Um 391 bekriegten die Spartaner im Vereine mit
den Achaeern die Acarnaner. Der Krieg wurde von der
Volksversammlung und den Ephoren beschlossen. König
Agesilaus führte das Heer an. Nach Verwüstung des
acarnanischen Gebietes wollte er im Herbste, ohne bedeutende Erfolge errungen zu haben, nach Hause ziehen,
jedoch die Achaeer suchten ihn zu bewegen, den Kampf
fortzusetzen. Agesilaus erwiderte ihnen: im künftigen
Sommer unternehme ich einen zweiten Feldzug in ihr
Land [4]) (στρατεύομαι πάλινδεῦρο εἰς τὸ ἐπιὸν θέρος). Als
der Winter vorüber war, sammelte Agesilaus gleich mit
Anbruch des Frühlings, wie er den Achaeern versprochen
hatte, ein neues Heer (φρουρὰν ἔφαινεν) gegen die Acarnaner [5])“.

„König Agesilaus erklärte um 387 den Corinthern

---

1) Herod. V. 75. — 2) Herod. VI. 56. — 3) Xenoph. Hell.
II. 2. 7. — 4) Xen. Hell. IV. 6. 13. — 5) ibid. IV. 7. 1.

und Argeiern, er werde sie bekriegen (ὅτι πόλεμον ἐξοίσει
ἐπ' αὐτούς), jene, wenn sie die argeische Besatzung nicht
entliessen, diese, wenn sie Korinth nicht räumen [1])".

Da jedoch die Könige verantwortlich waren, so
suchten sie öfters, bevor sie das Heer aufboten, die
Ephoren hiezu zu gewinnen, besonders wenn der Krieg,
den sie unternahmen, von einem grossen Theile der
Spartaner nicht gerne gesehen wurde, weil sie eben durch
die Stimmen der Ephoren, wenn sie angeklagt wurden,
gerettet werden konnten. Dies erhellt aus folgenden
Angaben:

„Als Thrasybulos mit den von den dreissig Tyrannen
aus Athen Verbannten den Hafen Piraeos besetzte, um
die Herrschaft der dreissig zu stürzen, liehen die Lakedaemonier zuerst 100 Talente, mit denen Lysander ein
Heer warb, um den Thrasybulos zur Ergebung zu zwingen. Diese Unternehmung wäre wohl geglückt, wenn
nicht der König Pausanias aus Neid dem Lysander ent-
gegengewirkt hätte. Pausanias gewann drei Ephoren
für sich und führte dann selbst ein Heer ins Feld (ἐξ-
άγει φρουράν), angeblich wohl gegen Thrasybulos, in der
That aber für ihn. Durch die Ephoren bewirkte er, dass
die Lakedaemonier 15 Männer zu ihm sandten, mit dem
Auftrage, den Frieden mit den Athenern im Vereine
mit Pausanias herzustellen. Diese entschieden zu Gunsten
des Thrasybulos [2]). Pausanias wurde deshalb angeklagt,
aber durch die Stimmen der Ephoren freigesprochen [3])".

„Auf einem Friedenskongresse in Sparta erklärten die
thebanischen Gesandten, dass sie dem mit den Persern ver-
einbarten Frieden nur dann beitreten wollen, wenn sie den
Eid für ganz Boeotien leisten dürfen, also eine Hegemonie
Thebens über Boeotien anerkannt werde. Diesen Eid, erklärte Agesilaus, nehme er nicht an, wenn sie nicht schwören,

---

1) ibid. V. 1. 31. — 2) ibid. II. 4. 29—38 (vgl. Plut. Lys.
c. 21). — 3) Paus. III. 5. 2.

dass alle Städte unabhängig sein sollten; hiezu erklärten sich die Gesandten nicht für ermächtigt. So geht
denn, gab Agesilaus zur Antwort und fraget an. Meldet
aber ihnen dieses, dass sie, wenn sie nicht darauf eingehen, ausgeschlossen werden (vom Frieden). Agesilaus
zögerte aus Hass gegen Theben nicht, sondern nachdem
er die Ephoren gewonnen hatte, opferte er sogleich [1])«
(εὐθὺς ἐθύετο).

Wenn man die angegebenen Stellen dem Wortlaute
nach übersetzt, so muss man annehmen, dass noch zur
Zeit des Agesilaus, überhaupt so lange die Macht Spartas
dauert, hie und da die Könige von ihrem Rechte, Kriege
anzufangen und das Heer aufzubieten, Gebrauch machten.
Ich glaube, die betreffenden Stellen können gar nicht
als eine Ungenauigkeit des Xenophon im Ausdrucke betrachtet werden; denn er schreibt über Ereignisse seiner
Zeit und kannte die spartanischen Zustände sehr gut.
Man muss annehmen, dass es ihm unmöglich gewesen
wäre, solche Ausdrücke, wie φρουρὰν ἔφαινεν, zu wählen,
wenn die Könige das Recht, Kriege zu beginnen, niemals oder seit ein oder mehreren Jahrhunderten nicht
mehr besessen hätten und blosse Heerführer gewesen
wären, ebenso wie es einem Geschichtschreiber der Gegenwart unmöglich wäre, zu schreiben, der Feldherr N.
erklärte den Krieg, oder stellte ein Heer ins Feld. Wenn
man die betreffende Stelle Herodots dem Wortlaute nach
auslegt, muss man es consequenter Weise auch bei diesen
Fällen thun, oder den Beweis führen, dass bald nach
Herodot das Recht der Könige, Kriege zu beginnen, verloren war. Die beiden letzten Citate von Pausanias und
Agesilaus scheinen mir genau zu zeigen, dass es sich
nicht um Kriege handle, die von der Volksversammlung
beschlossen waren, sondern nur um solche, die die Könige
unternehmen wollten. Sie ziehen nur die Mehrzahl der

---

[1] Xen. Hell. V. 1. 32—33.

Ephoren auf ihre Seite, um im Falle eines missglückten Feldzuges vor der Verurtheilung gesichert zu sein, da ja ihre Verantwortlichkeit eine grössere sein musste', wenn sie auch den Beginn des Krieges zu verantworten hatten. Es hatten jedoch nicht die Könige allein das Recht, Kriege zu beginnen, sondern seit alten Zeiten besass dieses Recht auch die Volksversammlung. Von ihr werden viel häufiger als den Königen die Kriege beschlossen. Jedoch ihr fehlte die Initiative, sie musste zuerst von den hiezu berechtigten Organen berufen werden und Anträge konnten nur Mitglieder der τὰ τέλη stellen. In der ersten Periode war solch ein von der Volksversammlung beschlossener Krieg, der auf Befehl des pythischen Apollo unter Kleomenes I. unternommene Krieg gegen Athen, um die Pisistratiden zu vertreiben [1]). In der zweiten Periode werden alle Kriege ausser die von den Königen begonnenen, von der Volksversammlung beschlossen.

Sparta war jedoch auch zugleich das Haupt des peloponnesischen Bundes. Es scheint, dass dieser Bund ursprünglich auf Basis der Gleichberechtigung und der Unabhängigkeit von Sparta abgeschlossen wurde, dass den Spartanern nur die Oberleitung des Bundes und vor Allen die Ehre eingeräumt wurde [2]). Wenn sie einen grösseren Krieg mit allen Bundesgenossen führen, „einen gemeinschaftlichen Auszug der Peloponnesier" veranstalten wollten, mussten sie eine Bundesgenossen-Versammlung nach Sparta einberufen und wenn die Mehrzahl für den Krieg stimmte, waren alle verpflichtet, theilzunehmen, ebenso waren nach einem Kriege alle verpflichtet, die Friedensbedingungen anzunehmen, die die Mehrzahl genehmigte. An dem von den Lakedaemoniern gegen Polykrates von Samos beschlossenen Seezuge nahmen die Korinther freiwillig Antheil, wo-

---

1) Herod. V. 61—65. — 2) Thuk. I. 120.

durch er zu Stande kam [1]). Bald nach der Vertreibung der Pisistratiden beriefen die Spartaner eine Bundesversammlung nach Sparta, ,um nach gemeinsamer Berathung und mit gemeinsamen Heere" den Hippias wieder als Tyrannen in Athen einzusetzen. Da aber alle Bundesgenossen dagegen waren, gaben die Spartaner diesen Plan auf [2]). Noch genauer berichtet uns hierüber Thukydides bei Gelegenheit der Beschlussfassung zum peloponnesischen Kriege. Die zunächst von den Athenern beeinträchtigten Korinther beriefen die Bundesgenossen nach Lakedaemon und verklagten dort die Athener. Die Lakedaemonier beriefen nun von den Bundesgenossen auch die, welche etwa sonst noch von den Athenern Unrecht zu leiden glaubten und nachdem sie ihre gewöhnliche Volksversammlung veranstaltet hatten, hiesen sie jene reden [3]). Nachdem sie die Beschwerden der Bundesgenossen angehört hatten, liessen sie alle abtreten, um sich über die Sache unter einander selbst zu berathen [4]). Es beschloss nun die lakedaemonische Volksversammlung den Krieg „nicht aus Nachgiebigkeit gegen die Reden der Bundesgenossen, sondern vielmehr aus Furcht, dass die Athener noch mächtiger werden könnten". Hierauf riefen sie die Bundesgenossen herbei und erklärten, die Athener scheinen ihnen Unrecht zu thun und sie wollen jetzt auch alle Bundesgenossen zusammenrufen und abstimmen lassen, „damit sie, wenn es sich so ergebe, den Krieg gemeinsam führten [5])".

Sie veranstalteten nun eine neue Versammlung aller Bundesgenossen. Die Korinther baten vorher die verbündeten Staaten, jeden einzeln, für den Krieg zu stimmen. Nachdem die Lakedaemonier auf der Versammlung die Meinung aller angehört hatten, forderten sie allen Bundesgenossen, gleichviel, ob aus grösseren

---

1) Herod. III. 18. — 2) ibid. V. 91—93. — 3) Thuk. I. 67. —
4) ibid. I. 79. — 5) ibid. I. 87. 88.

oder kleineren Städten, die Stimme ab und es fand sich, dass die Majorität für den Krieg stimmte [1]. Allmählig änderte sich das Verhältniss der Bundesgenossen zu Sparta zu Gunsten des letztern. Es war, wie schon Thukydides die Athener sagen lässt, „immer die Sitte, dass der Schwächere von dem Stärkeren eingeschränkt wurde“. Herodot lässt noch die Bundesgenossen die Spartaner, welche den Hippias wieder als Tyrannen in Athen einsetzen wollten, bitten, doch keine Aenderung in einer hellenischen Stadt vorzunehmen [2]. Jedoch schon Thukydides lässt vor dem Ausbruche des peloponnesischen Krieges die Athener zu den Lakedaemoniern sagen: „ihr führt ja auch die Oberleitung so, dass ihr den peloponnesischen Städten Verfassungen gebet, wie sie euerem Vortheile entsprechen [3]“.

Später sehen wir allgemein, dass sie den Bundesgenossen, die sie, ob durch Gewalt, oder freien Willen, erlangten, Oligarchien aufdrängten und vertriebene Oligarchen wieder gewaltsam in Bundesgenossen-Städte zurückführen. Früh machten die Spartaner auch Versuche, das Heer der gesammten Bundesgenossen aufzubieten, ohne vorher eine Bundesgenossen - Versammlung nach Sparta zu berufen. So sammelte schon Kleomenes I. ein Heer aus dem ganzen Peloponnes, ohne anzugeben, wozu er es sammle. Als die Korinther merkten, dass der Zug gegen Athen gehe, verliessen sie das Heer und nach dem Abzuge des Königs Demaratos auch die übrigen Bundesgenossen [4].

Später, zur Zeit Xenophons, scheint es — wenn auch noch manchmal eine Bundesgenossen-Versammlung nach Sparta berufen wurde, besonders in Fällen, in denen die Bundesgenossen die Hauptlast zu tragen hatten, die Spartaner nur Heere aus Periöken, Neodamoden und

---

1) ibid. I. 119—125. — 2) Herod. V. 93. — 3) Thuk. I. 76. 144. — 4) Herod. V. 74 u. 75. vgl. Thuk. V. 54.

Heloten bestehend, aussandten [1] — Regel gewesen zu sein,
dass die Spartaner allein den Krieg beschlossen und hierauf den Bundesgenossen befahlen, ihr Contingent zu
stellen. Denn Xenophon lässt die Gesandten der Achaeer
zu Sparta sagen: „Wir ziehen mit euch zu Felde, wie
ihr uns auch aufbietet und folgen euch, wohin ihr uns
auch führet [2]"; und ferners den Athener Autokles in der
Bundesgenossen - Versammlung zu Sparta: „Ihr führet
immer die Unabhängigkeit der einzelnen Städte im Munde
und seid doch selbst das grösste Hinderniss der Unabhängigkeit; denn das erste, was ihr euch von eueren
Verbündeten versprechen lasset, ist, dass sie euch Heeres-
folge leisten, wohin immer ihr sie aufbieten möget. Ferners kündiget ihr diesem oder jenem Staate den Krieg
an, ohne euere Bundesgenossen darüber zu Rathe zu
ziehen und führt sie dann gegen dieselben, so dass sie,
die angeblich unabhängig sind, oft gegen ihre besten
Freunde in den Krieg zu ziehen sich genöthiget sehen [3]".

Sobald ein Krieg von der spartanischen Volksversammlung beschlossen war, so lag die Ausführung des
Beschlusses ganz in den Händen der Ephoren, als der
exekutiven Behörde, nicht der Könige. Die Ephoren
erlassen den Mobilisirungsbefehl [4], bestimmen, falls es
nicht schon von der Volksversammlung geschah [5], die
Stärke des Heeres [6], rufen, falls es nöthig schien, selbst
die letzten Altersklassen und die Beamten zu den
Waffen [7], setzen den Zeitpunkt des Abmarsches fest und
üben diese Befugnisse, wenn in einem Jahre der Feldzug nicht vollendet wurde, im folgenden Frühjahre wieder aus [8]. Schon zur Zeit der Perserkriege sind sie im
vollen Besitze dieser Rechte [9]. Freilich werden sie auch

---

1) Xen. Hell.V. 2. 20. — 2) Xen. Hell. IV. 6. 2. — 3) ibid. VI.
3. 7. und 8. — 4) ibid. III. 2. 23; III. 5. 6; IV. 2. 9; IV. 6. 3;
V. 3. 13; VI. 5. 10. — 5) ibid. V. 2. 20. — 6) Xen. de republ.
Lac. 11. 2. — 7) Xen. Hell. VI. 4. 17. — 8) Xen. Hell. V. 4. 47;
III.. 2 25. Thuk. VIII. 5—12. — 9) Herod. IX. 6—11; (Plut. Arist. 10).

hiezu regelmässig einen Beschluss der τὰ τέλη eingeholt haben.

Die τὰ τέλη besass wohl nicht das Recht, Kriege zu beginnen. Diese Behörde, nicht die Volksversammlung, verspricht wohl unmittelbar vor Beginn des peloponnesischen Krieges den Gesandten der Potidaeer, in Attika einzufallen, wenn die Athener etwas gegen Potidaea unternehmen sollten [1]; jedoch hierin haben wir wohl nur jene Freiheit zu erblicken, die den Leitern der auswärtigen Angelegenheiten immer zustehen muss, da eben vieles darauf bezügliches nicht zu früh in die Oeffentlichkeit gelangen darf. Es kann durch solch ein Versprechen die Volksversammlung wohl in eine Zwangslage gebracht werden, aber eine endgültige Entscheidung liegt nicht darin.

Wir sehen auch, dass, obwohl die Athener nach dem Abfalle Potidaeas sogleich die Stadt bekriegten, nicht der Einfall in Attika erfolgte, bevor die Volksversammlung den Krieg erklärt hatte.

Noch weniger besassen die Ephoren dieses Recht. Nach Plutarch [2] sollen wohl die Ephoren 395 den Krieg gegen Theben begonnen haben; nach dem viel glaubwürdigeren Xenophon [3] jedoch beschlossen die Lakedaemonier den Krieg und die Ephoren stellen das Heer ins Feld. Ebenso wenig ist beweisend, wenn bloss gemeldet wird, dass die Ephoren das Heer mobilisiren ohne Angabe, wer den Krieg beschloss [4], da ja die Mobilisirung Sache der Ephoren war, auch wenn die Volksversammlung den Krieg beschloss. Sie scheinen jedoch auf die Beschlussfassung durch ihr Ansehen und durch ihre Macht einen grossen Einfluss ausgeübt zu haben. Xenophon gebraucht auch manchmal den Ausdruck, die Ephoren und die Ecclesia beschlossen den Krieg. Mög-

---

1) Thuk. I. 58. — 2) Plut. Lys. c. 28. — 3) Xenoph. Hell. III. 5. 5. u. 6. — 4) ibid. V. 3. 10.

lich, dass dadurch der Einfluss der Ephoren angedeutet
ist, oder dass der Krieg, ohne Berücksichtigung der
Gerusie, von der Volksversammlung direkt auf Antrag
der Ephoren beschlossen wurde [1]).

Wir sehen also bis zum Untergange der Macht
Spartas zwei coordinirte Gewalten neben einander; dieselben Rechte, welche die Könige besitzen, besitzt auch
die Volksversammlung und die Ausführerin der Beschlüsse
derselben, das Ephorat. Bald erklärt der König, bald die
Volksversammlung einen Krieg; im erstern Falle erlässt
der König den Mobilisirungsbefehl, bestimmt die Stärke
des Heeres, den Zeitpunkt des Abmarsches u. s. w., im
letztern treffen die Fphoren diese Anordnungen. Die
Könige übten jedoch wegen der Verantwortlichkeit selten
ihr Recht aus; gewöhnlich beschliesst die Volksversammlung die Kriege und treffen demnach auch die Ephoren
die zur Ausführung des Beschlusses nöthigen Anordnungen. Die längere Nichtausübung des Rechtes musste
in einem Staate, in dem das Herkommen als Gesetz
galt, zum Verluste desselben führen.

Wir können annehmen, dass, wenn die Könige nur
durch eine Generation hindurch ihr Recht gar nicht, hingegen dasselbe immer die Volksversammlung ausübt, es
zum Herkommen und dadurch zum Gesetze wird, dass
nur letztere das Recht besitze. In der dritten Periode
finden wir demnach auch keine Spur mehr von diesem
königlichen Rechte. Im „Staat der Lakedaemonier“
wird bei Besprechung der Rechte der Könige diesen nicht
mehr das Recht, Kriege zu beginnen, sondern nur das
Recht, „das Heer anzuführen, wohin es auch d e r S t a a t
senden will“, beigelegt [2]). Aristoteles spricht nur vom
Rechte des Königs, das Heer anzuführen [3]). Der kriegs-
lustige König Kleomenes III. musste immer die Ephoren

---

1) ibid. III. 2. 23; IV. 6. 3. — 2) Xen. de republ. Lac. 15. 2. —
3) Arist. Pol. Γ. 14.

durch Geld bestechen, damit sie einen Krieg erklären [1]).
Diese Angabe zeigt uns auch, dass in den letzten Zeiten
der dritten Periode die Ephoren selbst, ohne die Volksversammlung zu befragen, Kriege beginnen, dass sie
auch dieses Recht ganz an sich gerissen haben. Auch
vom Einflusse der τὰ τέλη erscheinen sie ganz unabhängig. Sie erlassen alle auf den Krieg bezüglichen
Anordnungen selbständig. Den König Agis III. schicken
sie ab, um den Achaeern beizustehen [2]). Den König
Kleomenes III. senden sie mit einer kleinen Truppen-
abtheilung aus, um den Pass bei Belbina zu besetzen,
rufen ihn, als sie sich wieder vor dem wirklichen Kriege
mit den Achaeern fürchteten, zurück und lassen ihn später
abermals ausrücken [3]).

War der Krieg beschlossen von wem immer, so
waren nur die Könige allein berechtigt, das Heer von
Spartiaten anzuführen. War der König unmündig, so ging das Recht der Anführung auf den Vormund
und vormundschaftlichen Regenten über [4]). Dieses Recht
der Anführung war eines der wenigen, das den Königen
bis zum Untergange des Königthums blieb. Ursprünglich zogen immer beide Könige ins Feld bis zum Abzuge des Demaratos aus dem Heere, der das Gesetz zur
Folge hatte, dass nur ein König mit dem Heere ausziehen dürfe. Es musste demnach von nun an in allen
Fällen, in denen die Volksversammlung den Krieg erklärte, bestimmt werden, welcher von den beiden Königen
das Heer anführen solle. Die Wahl zwischen den beiden Königen scheint bis zur dritten Periode immer die
Volksversammlung, möglicherweise auch manchmal die
τὰ τέλη getroffen zu haben. Die gleichzeitigen Schriftsteller gebrauchen immer den unbestimmten Ausdruck

---

1) Plut. Cleom. c. 6. — 2) Plut. Agis c. 12. 14. — 3) Plut.
Cleom. c. 4. — 4) Herod. IX. 10. Thuc. I. 107. III. 26. Xen. Hell.
III. 5. 6. IV. 2. 9. V. 2. 3. V. 3. 10. VI. 4. 14. Arist. Pol. I. 14.
15. Xen. de rep. Lac. 13. 12. Plut. Agis. c. 13. 14. u. s. w.

„die Lakedaemonier erwählten den Feldherrn [1]". Ebenso hat Agesilaus den Staat (πόλις), ihn mit dem Oberbefehle gegen Mantinea zu verschonen [2]; hingegen überträgt die τὰ τέλη dem Agesilaus das Commando über die Flotte [3]). Die Ephoren haben in dieser Zeit nicht die Wahl getroffen. Herodot schreibt wohl zum Jahre 479: „Die Ephoren übertrugen dem Pausanias das Commando über das Heer [4])": und Xenophon zum Jahre 378: „Die Ephoren sandten den Cleombrotos aus zum Kampfe gegen Theben [5])". Weil nur in diesen beiden Fällen allein die Ephoren als diejenigen bezeichnet werden, die einem Könige das Commando übertragen, so sehe ich darin einen Beleg dafür, dass die Ephoren nie die Wahl zwischen den beiden Königen zu treffen hatten; denn eben in diesen beiden Fällen konnten die Ephoren keine Wahl mehr treffen. Pausanias musste der Anführer werden, da der andere spartanische König Leotychides schon Anführer der hellenischen Flotte und von Sparta abwesend war; ebenso musste Cleombrotos Feldherr werden, weil sich Agesilaus, der andere König, unter dem Vorwande, dass er über 60 Jahre alt sei, vorher vom Oberbefehl entbinden liess.

In der dritten Periode entschieden auch hierüber die Ephoren allein. Sie, die die Kriege erklären, übergeben auch die Führung des Heeres dem Könige, dem sie dasselbe geben wollten [6]).

Aehnlich waren diese Verhältnisse, wenn nur ein Heer von Periöken, Neodamoden, Heloten und Bundesgenossen entsendet wurde, in dem nur der Feldherr und die wichtigsten Befehlshaberstellen durch Spartiaten besetzt wurden. Solche Heere commandirte nicht ein König sondern ein Spartiat [7]). Die Könige hielten es ohne

---

1) Herod. VII. 206. Thuk. I. 95. u. s. w. — 2) Xen. Hell. V. 2. 2. — 3) Xen. Hell. III. 4. 27. — 4) Herod. IX. 10. — 5) Xen. Hell. V. 4. 14. — 6) Plut. Agis c. 14. — 7) Thuk. III. 100; VIII. 22. Xen. Hell. II. 4. 29; V. 2. 24. u. s. w.

Zweifel lange unter ihrer Würde, solche Heere anzuführen; denn als sich Agesilaus hiezu erbot, bewilligten
ihm die Spartaner sogleich alle Forderungen, die er
stellte. Weil auch auf der peloponnesischen Flotte wenig
Spartiaten dienten [1], wurden zu Anführern derselben nie
die Könige, sondern Spartiaten [2]), ausnahmsweise selbst
Periöken [3]) gemacht. Nur als zur Zeit der Perserkriege
die Spartaner einige Jahre die Seehegemonie besassen,
also über die Flotten von ganz Hellas geboten, sehen
wir spartanische Könige oder Regenten, Leotychides und
Pausanias, als Anführer der Gesammtflotte.

Die Flottencommandanten und die anderen Feldherren wurden nur auf ein Jahr gewählt. Nach Ablauf
desselben wurden sie durch einen andern Spartiaten ersetzt. Es sollte auch gesetzlich niemand zweimal den
Oberbefehl zur See erhalten, überhaupt kein Spartiate
länger als ein Jahr im amtlichen Auftrage von Sparta
abwesend sein.

Das Motiv zur Entstehung dieses Gesetzes war, zu
verhindern, dass die Spartiaten im Auslande verdorben
werden: vielleicht entstand auch das Gesetz erst, nachdem Pausanias verdorben worden war, nach **477**, wenn
wir auch sehen, dass schon vorher Eurybiades 480 nur
ein Jahr Anführer der hellenischen Flotte war.

Dieses Gesetz barg jedoch offenbar viele Nachtheile.
Der peloponnesische Flottenführer verstand vom Seewesen gewöhnlich wenig, war ungeübt und wenn er
nach Ablauf eines Jahres einige Kenntnisse und Uebung
erlangt hatte, wurde er abberufen, um wieder einem
Neuling Platz zu machen. In den letzten Jahren des
peloponnesischen Krieges trat das Bedürfniss nach tüch-
tigen Flottencommandanten immer mehr in den Vordergrund. Die Bundesgenossen selbst klagten über den be-

---

1) Xen. Hell. VII. 1. 12. — 2) Herod. V. 63. VIII. 2. u. 42.
Thuk. 1. 94. 95. Xen. Hell. I. 5. 1; I. 6. 1; II. 1. 7. u. s. w. —
3) Thuk. VIII. 22.

ständigen Wechsel im Oberbefehle, besonders als Lysander,
der sich durchaus als tüchtig bewiesen hatte, abberufen
wurde [1]). Um den berechtigten Wunsch derselben zu
erfüllen, umgingen bald darauf die Lakedaemonier das
Gesetz; sie ernannten einen andern Spartaner, Aracos,
nur dem Namen nach, um dem Gesetze zu genügen,
zum Oberbefehlshaber, den Lysander zum Unterbefehls-
haber; jedoch faktisch sollte die Flotte unter Lysanders
Befehle stehen [2]).

Nachdem so das Gesetz zuerst umgangen war, über-
trat man bald darauf dasselbe gänzlich, indem schon Lysander den Oberbefehl länger als ein Jahr, bis zum Ende
des peloponnesischen Krieges behielt und auch später
noch abgesandt wurde. Es wurde nun Regel, bewährten
Flottenführern den Oberbefehl zu verlängern [3]) oder zum
zweitenmal zu übertragen [4]) und schon zu Beginn der
dritten Periode gab es lebenslängliche Flottencommandanten, wie es lebenslängliche Anführer der Landtruppen
gab. Aristoteles schreibt darüber: „das Gesetz über die
Befehlshaber der Flotte haben schon einige andere mit
Recht getadelt; denn es ist Schuld an der Zwietracht;
denn es stellt den Königen, die Anführer der Landtruppen
sind, die immerwährenden Anführer der Flotte, nahezu
als zweite Königsherrschaft an die Seite. Wie kann hier-
aus etwas anderes als Uneinigkeit und Parteigeist entstehen? [5])".

Es ist zweifellos, dass die inneren Parteistreitig-
keiten dadurch, dass glückliche Feldherren immer in
Sparta auch grossen Einfluss und Ansehen gewannen,
vergrössert wurden. Lysander, der eigentliche Besieger
Athens, hatte in Sparta eine einflussreiche Partei hinter
sich. An ihn wandten sich die dreissig Tyrannen, dass
er in Sparta bewirke, dass Athen eine spartanische Be-

---

1) Xen. Hell. I. 6. 4. — 2) ibid. II. 1. 7. — 3) ibid. III. 2. 6.
— 4) ibid. V. 1. 18. — 5) Arist. Pol. B. 9.

satzung erhalte; er setzte es durch [1]). Seine Freunde in
Sparta bewirkten es theilweise, dass das Geld nicht gänzlich im Staate verboten wurde [2]). In den hellenischen
Städten Asiens war er angesehener als der König Agesilaus;
an ihn wandten sich alle, um ihre Wünsche beim Könige
durchzusetzen [3]). Durch seine politischen Clubs soll er
die Colonialstädte so in seiner Gewalt gehabt haben,
dass er eigentlich der unumschränkte Herr von Hellas
war. Einen theilweise ähnlichen Einfluss mögen in Sparta
die späteren lebenslänglichen „Seekönige" erhalten haben.
Aber eben durch ihren Ruhm und ihren Einfluss erregten
sie den Neid und die Eifersucht der Könige, die dadurch
ihre Ehrenrechte verkümmert sahen und ihnen überall,
wo sie konnten, entgegen wirkten. „Die ersten Männer
in Lacedaemon waren auf Brasidas, den Sieger auf Chalkidike neidisch und bewirkten, dass er nicht unterstützt
wurde [5]). Agesilaus kränkte aus Eifersucht seinen ein-
flussreichsten Anhänger Lysander, dem er theilweise die
Krone verdankte, während des asiatischen Feldzuges, indem er alle Bittsteller, die von ihm unterstützt wurden,
abschlägig beschied [6])". Vielleicht noch grösser wurde
später der Zwist, als die Könige selten Gelegenheit
hatten, durch Kriegszüge sich Ruhm zu erwerben und zu
Hause ganz machtlos waren.

Am Ende der zweiten Periode liessen sich die Könige
herbei, auch Truppen anzuführen, deren Kern nicht aus
Spartiaten, sondern die nur aus Bundesgenossen, Perioken,
Neodamoden und Heloten bestanden. Wahrscheinlich
bewog sie die Sehnsucht, dem Drucke, der zu Hause
durch die Ephoren auf ihnen lastete, zu entkommen, zu
diesem Schritte. König Agesilaus war der erste, der sich
bereit erklärte, wenn man ihm 30 Spartiaten, 2000 Neodamoden und 6000 Bundesgenossen gäbe, einen Feldzug

---

1) Xen. Hell. II. 3. 13—14 — 2) Plut. Lys. c. 17. — 3) Xen.
Hell. III. 4. 7—10. — 4) Plut. Lys. c. 21. — 5) Thuk. IV. 108. —
6) Xen. Hell. III. 4. 9. Plut. Lys. c. 23. Plut. Agesil. c. 7 u. 8.

in Asien zu unternehmen. Sogleich gingen die Lakedaemonier auf seine Forderungen ein [1]).

Nachdem ein Präcedenzfall vorlag, wurde es Regel,
zu wichtigeren auswärtigen Unternehmungen den König
mit 30 Spartiaten abzusenden, wie es scheint, ohne sie
um ihre Einwilligung zu fragen. So wurde Agesipolis
mit 30 Spartiaten und einem Heere von Bundesgenossen
um 381 gegen Olynth gesendet [2]). Später gingen die
Könige sogar als Anführer von Miethtruppen in fremde
Dienste oder als Gesandte, um Geld zu erhalten, ins
Ausland. Auch zu solchen Diensten liess sich Agesilaus
zuerst herbei [3]) und schaffte dadurch den Präcedenzfall.
Auch dann, wenn die Könige solche Heere anführten,
war ihr Oberbefehl zeitlich nicht beschränkt. Die 30
Spartiaten, die den Agesilaus nach Asien begleiteten,
wurden nach Ablauf eines Jahres durch 30 andere ersetzt; er selbst jedoch blieb Anführer. Die Könige sind
in jedem Falle lebenslängliche, unabsetzbare Anführer.
Die Unfähigkeit, ein Heer anzuführen, führte immer den
Verlust der königlichen Würde herbei. Pausanias wurde,
als er das Commando über die hellenische Flotte führte,
wohl nach Sparta berufen; er war jedoch angeklagt
worden, dass er Hellas an die Perser verrathen wolle.

Auch die einjährigen Feldherren wurden in der
zweiten Periode nicht von den Ephoren gewählt. Die
Quellenschriftsteller gebrauchen auch bei diesen immer
den Ausdruck „die Lakedaemonier". Dem Derkyllidas
verlängerte die τὰ τέλη den Oberbefehl zur See noch
um ein Jahr [4]). Hingegen konnten die Ephoren den
Eudamidas, der um 383 gegen Olynth mit Neodamoden,
Perioken und Skiriten von den Lakedaemoniern abgesandt
wurde, die Bitte, dass sein Bruder Phoebidas den Rest
der für ihn bestimmten Streitkräfte zusammenziehen

---

1) ibid. III. 4. 2. — 2) Xen. Hell. V. 3. 8. — 3) Xen. Hell. VI.
5. 4; Xen. Ages. 2. 30; Plut. Ages. c. 36; Paus. III. 10. 5; Plut.
Pyrrh. c. 26. Diod. 16. 88; 17. 48; 20. 105. — 4) Xen. Hell. III. 4. 2.

und ihm zuführen dürfe, gewähren [1]), da es sich hier
nicht um die Wahl eines Feldherrn handelte. Hingegen
hatten die Ephoren, wie jeder Anführer eines Heeres,
auch das Recht, im Namen des Staates Harmosten, Anführer der Besatzungen, in den verbündeten oder unterworfenen Städten einzusetzen.

Als Anführer des Heeres besassen die Könige die
volle unumschränkte königliche Gewalt. Selbst Isocrates
sagt noch: „Die Karthager und Lakedaemonier haben
daheim zwar eine Oligarchie, während des Krieges aber
eine Königsherrschaft [2]".

Sie hatten demnach auch beim Heere gewisse Ehrenvorrechte [3]). Das bedeutendste von diesen war, dass
sie aus der Kriegsbeute, nach homerischer Sitte, einen
bestimmten Ehrenantheil erhielten. Pausanias erhielt
nach dem Siege bei Plataeae aus der persischen Kriegsbeute ein Zehntel. Der übrige Theil der Beute wurde
unter die Sieger vertheilt [4]). Hier kämpfte jedoch nicht
das peloponnesische Heer allein, sondern das ganze perser-
feindliche Hellas. Während des peloponnesischen Krieges
wurde die Kriegsbeute entweder zu grösseren Rüstungen
verwendet oder an die Ephoren nach Sparta abgeliefert
und bald nach dem Kriege ein angebliches lykurgisches
Gesetz theilweise erneuert, wornach bei Todesstrafe kein
Spartiate einen Privatbesitz an Geld haben dürfe. Es
scheint somit, als ob dieses Ehrenrecht die Könige verloren hätten. Jedoch nach der Beseitigung des Ephorats erhält der König Kleomenes III., wie der gleichzeitige Geschichtsschreiber Phylarchos angibt, nach der
Einnahme der Stadt Megalopolis „der Sitte gemäss" ein
Drittel der Kriegsbeute [5]).

Sie sind ferners die obersten Priester im Heere;
sie bringen das Opfer dar vor Beginn des Feldzuges, an

---

1) Xen. Hell. V. 2. 24. — 2) Isocr. Nikokles. 24. S. 31. —
3) Herod. VI. 56; VIII. 124; Xen. de rep. Lac. 13. u. s. w. —
4) Herod. IX. 81. — 5) Polyb. II. 62.

der Landesgrenze, vor jeder beabsichtigten Unternehmung, vor oder während der Schlacht und bei verschiedenen anderen Gelegenheiten [1]). Sie begaben sich oft
vor Beginn des Feldzuges an berühmte griechische Orakel
und Tempel, um den Gott in Betreff des Feldzuges zu
befragen und um den Sieg zu bitten [2]). Auch nach dem
Feldzuge gehen die Anführer, um den Göttern Opfer
darzubringen, die sie während des Feldzuges gelobt [3]),
oder um für den Sieg zu danken und den zehnten Theil
der Kriegsbeute, wie es Sitte war, dem Apollo in Delfi,
dem Zeus in Olympia und dem Poseidon am Isthmos
zu opfern [4]). Der Staat übernahm die Sorge dafür, dass
es dem Könige im Feldzuge nie an genügenden Opfer-
thieren fehle. Die Ehren- und priesterlichen Rechte im
Feldzuge wurden den Königen auch in der dritten Periode
nicht entrissen.

Der König war ferners der o b e r s t e R i c h t e r im
Heere. Noch zur Zeit des Aristoteles war er Herr über
Leben und Tod der Bürger bei wirklicher Ausübung
seiner königlichen Funktionen [5]). Nur in seiner Eigenschaft als Heerführer war Agesilaus berechtigt, 15 von
jenen Spartanern, die, während Epaminondas Sparta be-
drohte, eine Verschwörung stifteten, Nachts verhaften
und hinrichten zu lassen. Ebenfalls nur als Heerführer
konnte er, als bald darauf eine zweite noch grössere
Verschwörung angezeigt wurde, es wagen, die Theil-
nehmer, nur gedeckt durch die Zustimmung der Ephoren,
ohne richterliches Urtheil hinrichten zu lassen [6]).

Auch in den verbündeten Städten Asiens, in denen
nach dem peloponnesischen Kriege eine völlige Anarchie

---

1) Xen. Hell. III. 4. 3 u. 4; III. 5. 7; IV. 5. 2—7; V. 1. 33;
V. 3. 14; Herod. VI. 56; VI. 80; IX. 61. Plut. Arist. 17. 18; Xen.
de rep. Lac. 13, 2—4 u. 9. — 2) Herod. VI. 76; Xen. Hell. III.
2. 22; IV. 7. 2; III. 4. 3—4. — 3) Plut. Lys. c. 20. — 4) Herod.
IX. 81; Xen. Hell. III. 3. 1; IV. 3. 21. — 5) Arist. Pol. Γ. 14. —
6) Plut. Ages. c. 32.

herrschte, übte Agesilaus als Heerführer die Gerichtsbarkeit aus [1]), Von dem Rechte über Leben und Tod
machten jedoch die Könige selten wirklichen Gebrauch.
Gewöhnlich straft nach dem Feldzuge grössere Vergehen
die Gerusie, selbst Fälle von Ungehorsam, die wohl dann
als Feigheit aufgefasst wurden [2]).

Im Laufe der dritten Periode verloren die Könige
jede Gerichtsbarkeit im Heere an die „Hellenenrichter“,
die das Heer begleiteten. Im „Staat der Lakedaemonier“
wird berichtet, dass nur alle Anklagen beim Könige gemacht werden mussten, dieser aber keine richterliche Entscheidung fällt, sondern sie zu den Hellenodiken sendet [3]).

In der zweiten Periode konnte der Feldherr selbst
über das Schicksal der Besiegten wenigstens theilweise
selbständig entscheiden; jedoch hier kreuzten sich die
Rechte der Könige mit dem Rechte der Volksversammlung, die Friedensbedingungen festzustellen.

Der König und jeder Feldherr hatte endlich, sobald
er mit dem Heere ausgerückt war, von selbst unumschränkte Vollmacht in allem, was den Krieg be-
traf; er war jedoch für den Erfolg verantwortlich. Noch
am Ende der zweiten Periode war dieser Grundsatz
massgebend. Dies beweist folgende Angabe Xenophons:
Als der spartanische Feldherr Phoebidas 383 mitten im
Frieden gegen das Völkerrecht die Burg von Theben
besetzte, waren die Ephoren und die Mehrzahl der Bürger
über ihn aufgebracht, weil er ohne Auftrag des Staates
gehandelt habe: Agesilaus aber meinte, falls dieser
Schritt für Lakedaemon nachtheilig sei, verdiene er, gestraft zu werden, sei er aber vortheilhaft, so sei es ein
altes Herkommen, dass man etwas der Art auf eigene
Faust thun dürfe. Eben das also, erklärte er, müsse
untersucht werden, ob das Geschehene gut oder schädlich

---

1) Xen. Hell. III. 4. 7—10; Plut. Ages. c. 7. — 2) Thuk. V. 72.
— 3) Xen. de rep. Lac. 13. 12.

sei. Seine Ansicht drang in Lakedaemon durch [1]). Dass
in der That das Herkommen in Sparta derart war, wie
es Agesilaus schildert, dafür ist auch der Vorgänger
Xenophons, Thukydides, Zeuge, der die Athener vor den
melischen Oberbehörden sagen lässt: „Die Lakedaemonier
handeln zwar unter sich und in Bezug auf ihre eigenen
Einrichtungen meist nach den Gesetzen der Rechtlichkeit;
was aber ihr Benehmen gegen andere betrifft, da hätte
einer viel zu reden und will er sich kurz fassen, so kann
er sie am besten schildern, wenn er sagt, dass sie nach
unserem Wissen unter allen diejenigen sind, die am
offensten das für ehrenvoll erklären, was ihnen angenehm
ist, und das für gerecht, was ihnen Nutzen bringt[2])“.
Auch dem Agesilaus, der während seines Aufenthaltes
in Aegypten, in Sparta um die Entscheidung bat, ob er
dem Tachos, den er bisher unterstützte, treu bleiben,
oder zu Nektanabis, der sich gegen Tachos empörte,
übergehen solle, sandten die Lakedaemonier den Auftrag, nur nach den Interessen Spartas zu handeln[3]).

Es ist aus diesen Angaben klar, dass jeder Feldherr
unumschränkte Befugnisse hatte, dass jeder auf eigene
Faust handeln konnte, aber für jeden unternommenen
Schritt verantwortlich war. Wenn die Ephoren über den
Ueberfall Thebens, einer friedlichen Stadt, erbittert waren,
so ist dies erklärlich; da jedoch Agesilaus selbst diesen
völkerrechtswidrigen Fall durch das alte Herkommen
vertheidigen konnte, so sehe ich darin einen Beweis dafür, dass der Feldherr immer wenigstens so lange unumschränkt handeln konnte, bis der Staat eine Einschrän-
kung für nöthig hielt. Dieser Grundsatz tritt im Verlaufe
der Geschichte im einzelnen häufig klar hervor.

Es hatte zwar der König im Felde auch Rathgeber an seiner Seite. Pausanias wählte sich selbst

---

1) Xen. Hell. V. 2. 32. Plut. Ages. c. 23. 24. Plut. Pelop.
c. 5. Diodor 15. 19. — 2) Thuk. V. 105. vgl. Thuk. I. 118. —
3) Plut. Agesil. c. 37.

einen Rathgeber [1]). Es mag vielleicht auch jungen
Königen, die noch keine Erfahrung im Kriege hatten,
von Staatswegen von den Ephoren ein Rathgeber mitgegeben worden sein, aber nur wegen ihrer Jugend [2]).
Ferner stand dem Könige auch ein Kriegsrath zur Seite,
bestehend aus den Polemarchen und anderen Personen,
die der König zuziehen wollte [3]). Endlich waren zwei
Ephoren und oft noch andere Mitglieder der τὰ τέλη
beim Heere, deren Gutachten er einholen konnte, wenn
er wollte [4]). Jedoch alle diese waren, jenem Grundsatze
entsprechend, nur Rathgeber im strengsten Sinne des
Wortes. Der König war nicht verpflichtet, den Kriegsrath zusammenzurufen, er konnte auch, ohne dessen
Gutachten einzuholen, selbständig alle Beschlüsse fassen [5]);
er war auch nicht durch das Gutachten des Rathes gebunden, er konnte anordnen, was ihm zweckdienlich
schien, auch wenn der Rath der entgegengesetzten Meinung war; er war jedoch auch dann, wenn er nach dem
Gutachten des Rathes und der beim Heere befindlichen
Mitglieder der τὰ τέλη handelte, nicht der Verantwortung
entbunden, nicht vor der Anklage und Verurtheilung
geschützt [6]).

Den Flottencommandanten und anderen Feldherrn
wurden gewöhnlich zwei Spartiaten mitgegeben als Er-
satzmänner im Oberbefehl, wenn der Anführer fallen
sollte. Diese beiden bildeten auch zugleich den Rath
des Anführers [7]). Doch war er auch nicht durch den
Rath derselben gebunden [8]).

Dies waren die normalen Zustände; jedoch dann, wenn
man gegründeten Anlass hatte, mit einem Feldherrn
unzufrieden zu sein, so griff der Staat ein und beschränkte

---

1) Herod. IX. 10. — 2) Plut. Perikles c. 22. vgl. Thuk. II. 21.
— 3) Thuk. II. 10. 11. Plut. Arist. c. 8. Xen. de republ. Lac. 13. 1. —
4) Xen. Hell. III. 5. 23; Xen. de rep. Lac. 13. 5. — 5) Thuk. V. 60. —
6) Xen. Hell. III. 5. 23—25; Herod. VIII. 56. 68. 64; IX. 91. —
7) Thuk. III. 100; IV. 38. — 8) ibid. III. 79.

Dum, Ephorat. 11

denselben entweder durch Rathgeber, oder entsetzte ihn
des Commando's. Wurde er durch Rathgeber beschränkt,
so musste er den Rath derselben befolgen. Es ist uns
aus der zweiten Periode nur ein Beispiel bekannt, dass
auch ein König sich solche Rathgeber gefallen lassen
musste. Im Jahre 418 zog König Agis mit einem starken
Heere ins Feld gegen Argos. Da er jedoch unmittelbar
vor der Entscheidungsschlacht einen viermonatlichen
Waffenstillstand abschloss, so beschlossen die Lakedaemonier, nachdem sich dieser Waffenstillstand bald darauf durch den Fall von Orchomenos den Interessen
Spartas sehr schädlich gezeigt hatte, in ihrer Erbitterung
allsogleich, man solle das Haus des Agis niederreissen
und ihn um 100.000 Drachmen strafen. Durch seine
Bitte bewirkte er noch den Aufschub der Strafe; aber
die Lakedaemonier machten bei diesem Anlasse ein Gesetz, „wie es früher bei ihnen nie gegolten hatte: sie
wählten ihm nämlich zehn spartiatische Männer zu Bei-
räthen, ohne welche (ἄνευ ὧν) er nicht die Befugniss
haben sollte, ein Heer aus der Stadt zu führen [1]". Diese
Beschränkung des Königs durch Rathgeber scheint wohl
nur zeitweise den Agis allein betroffen zu haben, „bis
er die Schuld durch eine tapfere That wieder gut machte".
Nach der Darstellung des Thukydides ist Agis schon in
den folgenden Kriegen, ebenso später in Dekelea, nicht
mehr durch die Rathgeber beschränkt, wohl aber nach
der weniger verlässlicheren des Diodor.

Noch weniger als bei Königen zauderte man bei
anderen Anführern, ihnen Rathgeber mit grosser Vollmacht an die Seite zu stellen. Als der Flottenführer
Knemos von einer schwächeren athenischen Flotte bei

---

1 ibid. V. 54—63. Möglich, dass die citirte Stelle auch den
Sinn hat, dass Agis ohne Zustimmung der Beiräthe keinen Krieg
beginnen dürfe. Dann muss man annehmen, dass Agis den Zug
gegen Argos (V. 54) selbständig unternommen habe. Gegen diese
Auffassung ist Diodor 12. 78 und 79.

Antirhion geschlagen wurde, schickten ihm die Lakedaemonier drei Rathgeber, die dann auch Befehle zur Ver-
stärkung der Flotte erliessen [1]. Der Flottencommandant
Astyochos wurde, nachdem er von einem Unterfeldherrn
in Lakedaemon verklagt worden war, dass er seine Pflicht
nicht thue, durch eilf Rathgeber beschränkt, „die zu
sorgen hatten, wie alles am besten einzurichten wäre und
wenn es ihnen gut schiene, den Astyochos des Commando's entsetzen sollten [2]“.

Des Commando's entsetzt konnten wohl nur die gewählten einjährigen Feldherrn werden, nicht die Könige,
die ja die geborenen Heerführer waren. Pausanias wurde
nur nach Sparta berufen, um sich gegen Anklagen zu
verantworten. Der Harmost Sphodrias wurde von den
Ephoren abberufen, weil er einen Einfall ins attische
Gebiet unternommen hatte [3]. Auch Lysander wurde von
den Ephoren abberufen, weil er vom persischen Satrapen
Pharnabazos verklagt worden war [4].

Der König und überhaupt jeder Feldherr traf selbstverständlich alle taktischen Anordnungen im
Kriege. Jeder Befehl, der sich auf das ganze Heer be-
zog, ging vom Könige aus. Nach dem Opfer rief er
alle Befehlshaber vor sich und ertheilte seine Befehle [5];
er leitete die Schlacht ein und gab die Befehle während
des Kampfes [6]. Pausanias verbot nach der Schlacht bei
Plataeae den Soldaten, die Beute anzugreifen [7]. Der
König bestimmte, wo das Lager aufzuschlagen sei
und wann man lagern dürfe [8].

Diese Rechte, die schon in dem Rechte der Anführung enthalten sind, behielten demnach die Könige immer,
so lange sie das Recht der Anführung besassen, also bis
zum Untergange des Königthums. Es ist auch wahr-

---

1) Thuk. II. 85. — 2) ibid. VIII. 39. — 3) Xen. Hell. V.
4 24. — 4) Plut. Lys. c. 19. — 5) Xen. de rep. Lac. 13. 5. —
6) Thuk. V. 65. 66. 71. 73. Herod. IX. 46. 47. — 7) Herod. IX. 80. —
8) Xen. de rep. Lac. 13. 11. vgl. Herod. VI. 77. 78.

scheinlich, dass auch dann, wenn der Feldherr durch
Rathgeber beschränkt war, die taktischen Anordnungen
von demselben erlassen wurden und dass nicht, wie
Diodor [1]) im Gegensatze zu Thukydides angibt, während
der Schlacht plötzlich ein Rathgeber gleichfalls zu befehlen anfieng.

Der König und jeder andere Feldherr konnte im
Felde alle Anordnungen in strategischer Beziehung, auch
solche, die ins politische Gebiet hinüberspielten, überhaupt alle Anordnungen, die mit dem Kriege in
irgend einer Verbindung standen, treffen.

Freilich collidirten diese Rechte vielfach mit denen
der Ephoren.

Der König Agesilaus vertheilte unter die 30 Spartiaten, die mit ihm nach Asien geschickt wurden, nach
Belieben die Unterbefehlshaberstellen [2]). Die Könige
wählen im Kriege die Harmosten, die sie mit einem
Theile des Heeres in den eroberten oder verbündeten
Städten zurücklassen [3]). Jeder König scheint dieselben
aus seinen Anhängern gewählt zu haben. Auch Lysander
lässt in den Colonialstädten an der Spitze der Besatzungen, die die Herrschaft der Oligarchen und dadurch die
der Spartaner sichern sollten, Harmosten zurück.

Jedoch auch die Ephoren nehmen als Vertreter des
Staates diese Rechte für sich in Anspruch; denn der Staat
ernannte den Feldherrn und konnte demnach auch Unter-
befehlshaber ernennen, wenn er wollte. „Der Spartaner
Anaxibios, der die Ephoren zu Freunden gewonnen hatte,
wusste es dahin zu bringen, dass man ihn als Harmosten
nach Abydos sandte, obwohl man dem Derkyllidas keinen
Vorwurf machen konnte [4])".

„Klearchos setzte es bei den Ephoren durch, dass er
zur Bekämpfung der Thraker abgesandt wurde; nachdem

---

1) Diodor 12. 78. — 2) Xen. Hell. III. 4. 20. — 3) ibid. V.
4. 13; V. 4. 15. Thuk. VIII. 5. — 4) ibid. IV. 8. 32.

er schon abgereist war, nehmen die Ephoren ihre Erlaubniss wieder zurück ¹)“.

Die Unabhängigkeit der Könige im Kriege und ihr
Verhältniss zum Staate tritt besonders klar hervor in den
Angaben des Thukydides über die Kriegsführung des
Königs Agis I. von Dekelea aus. Nach der furchtbaren
Niederlage der Athener vor Syrakus 413 rüsteten sich
die Spartaner zum letzten entscheidenden Kampfe gegen
Athen. „Sogleich mit Beginn des Winters zog König
Agis mit einer Truppe von Dekelea aus, sammelte Geld
für die Flotte unter den Bundesgenossen, wandte sich
gegen den melischen Meerbusen, nahm dort den Octaeern
gemäss der alten Feindschaft viel Beute ab, die er zu
Geld machte und zwang die phthiotischen Achaeer und
die übrigen thessalischen Unterthanen in dortiger Ge-
gend, trotz Scheltens und Einspruches der Thessaler,
Geisseln und Geld zu geben und versuchte, sie für die
Bundesgenossenschaft der Lakedaemonier zu gewinnen,
Die Geisseln gab er nach Korinth in Gewahrsam. Im
selben Winter schickten die Euboëer Botschaft zum Agis
wegen ihres Abfalles von den Athenern. Dieser ging
auf ihre Vorschläge ein und schickte nach Lakedaemon
um den Alkamenes und Melanthos, die das Unternehmen
wegen Euboëa's anführen sollten. Diese kamen an und
brachten von den Neodamoden gegen 300 Mann mit und
Agis dachte, eben ihre Ueberfahrt ins Werk zu setzen.
Da kamen aber auch Leute von Lesbos, die gleichfalls
von Athen abfallen wollten. Da nun die Euboëer die
Sache der Lesbier unterstützten, so liess sich Agis be-
reden, wegen Euboëa's noch zu warten und traf die An-
stalten für den Abfall der Lesbier. Als Harmost gab er
ihnen den Alkamenes, der nach Euboëa hätte segeln
sollen, und zehn Schiffe versprachen ihnen die Boeotier
und zehn Agis. Das alles geschah ohne Befragung

---

1) Xenoph. Anab. 2. 6, 2—4.

des lakedaemonischen Staates; denn für die ganze Zeit, in der Agis mit seiner Macht Dekelea besetzt hielt, hatte, er die Gewalt, sowohl Truppen irgend wohin zu schicken, wenn er wollte, als auch solche zu sammeln und Geld einzutreiben; ja es waren für diese Zeit die Bundesgenossen so zu sagen mehr an seine Person gewiesen, als an das Staatswesen der Lakedaemonier; denn da er eine bedeutende Truppenmacht hatte und überall rasch zur Hand war, so flöste er Furcht ein".

Auch die Lakedaemonier selbst bereiteten sich zum Kampfe vor. „Sie schrieben den Bau von 100 Schiffen aus, von denen sie selbst 25 übernahmen, die übrigen die Bundesgenossen und veranstalteten alle sonstige Rüstung". „Während Agis die Sache der Lesbier selbst betrieb, wendeten sich die Chier und Erythraeer, die ebenfalls zum Abfall bereit waren, nicht an den Agis, sondern direkt nach Lakedaemon. Mit ihnen erschien auch ein Gesandter des Tissaphernes, des persischen Statthalters an der Seeküste, der die Macht der Athener in Asien schwächen wollte, um von den hellenischen Städten den Tribut eintreiben zu können. Zur selben Zeit kamen auch Gesandte des Pharnabazos, des persischen Statthalters am Hellespont, der aus demselben Grunde mit Hülfe der Spartaner die in seiner Statthalterschaft gelegenen hellenischen Städte den Athenern abwendig machen wollte. Die Lakedaemonier selbst unterstützten nicht das Anliegen des Pharnabazos, sondern das der Chier und des Tissaphernes, denn es war für diese auch Alkibiades thätig, der mit dem damaligen Ephoren Endios von den Vorfahren her in engster gastfreundlicher Beziehung stand. Gleichwohl sandten die Lakedaemonier zuerst einen Kundschafter nach Chios und als dieser zurückmeldete, dass die Chier wirklich so mächtig seien, wie die Gesandten sagten, so nahmen sie die Chier und Erythraeer allsogleich als Bundesgenossen auf und beschlossen, ihnen vierzig Schiffe zu senden. Davon rüsteten

die Lakedaemonier fünf auf lakonischem Gebiete aus und
machten den Chalkideus zum Anführer. Mit Anfang
des Sommers schickten sie drei Spartiaten nach Korinth,
die dafür sorgen sollten, dass die Schiffe vom jenseitigen
Meere so rasch als möglich über die Landenge nach dem
Meere auf der athenischen Seite gezogen würden und dann
sämmtlich nach Chios unter Segel gingen, sowohl die,
welche Agis für Lesbos ausrüstete, als auch die anderen.
Agis aber, als er sah, dass die Lakedaemonier zuerst an
die Unternehmung auf Chios dachten, widersprach dem
für seine Person nicht und so kamen denn die Bundesgenossen in Korinth zusammen zur Berathung und beschlossen, zuerst gegen Chios zu segeln unter Anführung
des Chalkideus, der in Lakonien jene fünf Schiffe ausrüstete, und dann gegen Lesbos unter dem Oberbefehle
des Alkamenes, den auch Agis dafür bestimmte und zuletzt nach dem Hellespont zu fahren, für welchen Klearchos
zum Befehlshaber bestimmt war. Man brachte sogleich
21 Schiffe über die Landenge, doch nun wollten die
Corinther nicht mitschiffen, bevor sie nicht die isthmischen
Spiele, die damals gerade einfielen, zu Ende gefeiert
hätten. Agis war zwar darin mit ihnen einverstanden,
dass der wegen der Isthmien bestehende Waffenstillstand
nicht gebrochen werden dürfe, wollte aber doch den Zug
zu seinem eigenen machen. Da aber die Korinther auch
dem nicht zustimmten, so erfuhren während der dadurch
eingetretenen Verzögerung die Athener von der Sache und
hinderten, als nach dem Feste Alkamenes in See gegen
Chios ging, dessen Weiterfahrt. Die Lakedaemonier aber
hatten zuerst die Meldung erhalten, dass die Schiffe vom
Isthmos aus unter Segel gegangen seien — es war nämlich dem Alkamenes von den Ephoren befohlen gewesen,
in diesem Falle ihnen einen Reiter zuzuschicken — und
sie wollten dann sofort ihrerseits die fünf Schiffe unter
dem Oberbefehl des Chalkideus absenden, dem auch
Alkibiades beigegeben war. Als ihnen aber das Unglück

der anderen Schiffe gemeldet wurde, wollten sie nicht
nur keine Schiffe mehr aus ihrem Gebiete auslaufen
lassen, sondern auch die schon früher ausgelaufenen zu-
rückrufen. Als aber Alkibiades dies erfuhr, machte er
sich wieder an den Endios und die anderen Ephoren,
überredete dieselben und ging hierauf mit den fünf
Schiffen unter des Lakedaemoniers Chalkideus Anführung
in See [1]).

Es treten hier der König und der Staat als coordinirte Gewalten auf; beide haben die gleichen unbegränzten
Rechte. Agis sammelt Geld und macht Beutezüge, um
eine Flotte zu bauen; die Lakedaemonier legen den
Bundesgenossen den Bau einer Flotte auf. Agis bereitet
den Abfall der Lesbier und Euboëer; die Lakedaemonier
den der Chier und Erythraeer vor. Es hängt ganz von
den Gesandten der Städte ab, ob sie lieber durch Agis
oder den spartanischen Staat ihre Wünsche durchsetzen
wollten. Agis wählt die Anführer der Unternehmungen,
die er ins Werk setzen wollte und lässt sie von Sparta
kommen; die Lakedaemonier wählen die Anführer für
die von ihnen geplanten Unternehmungen. Agis sucht
die Bedenken der Corinther wegen Verletzung des Waffen-
stillstandes während der isthmischen Spiele dadurch zu
beschwichtigen, dass er den Zug gegen Chios und Lesbos
als einen auf eigene Faust, nicht durch die Lakedaemonier
und deren Bundesgenossen unternommenen, erklären
wollte. Man einigt sich, die beiden Unternehmungen
gegen Chios und Lesbos gemeinsam auszuführen, die von
Agis in Corinth ausgerüstete Flotte vereinigt sich mit
der auf Befehl der Lakedaemonier ausgerüsteten und weil
Agis nicht widersprach, beschlossen die Bundesgenossen,
zuerst gegen Chios und dann gegen Lesbos zu fahren.
Die Ephoren treten einflussreich auf. Hauptsächlich der
Ephor Endios, ein Gegner des Agis, bewirkte, dass die

---

1) Thuk. VIII. 3—12.

Lakedaemonier beschlossen, das Gesuch der Chier und
des Tissaphernes, nicht das des Pharnabazos zuerst zu
berücksichtigen und dass trotz des Unglückes der von
Corinth ausgelaufenen Flotte doch noch die kleine lakonische die Fahrt nach Chios unternahm. Die darauf bezüglichen Beschlüsse fassten, wie es scheint, jedoch nicht
die Ephoren selbständig, sondern die Lakedaemonier,
d. i. vielleicht die Volksversammlung oder die τὰ τέλη:
jene setzten jedoch durch ihren Einfluss diese Beschlüsse
durch. Die Ausführung des Beschlusses, die Bestimmung
des Zeitpunktes der Abfahrt der lakonischen Schiffe lag
ganz in den Händen der Ephoren, die sich deshalb auch
von Alkamenes benachrichtigen lassen, wann er absegle.

Dieses Coordinationsverhältniss zwischen den Königen
und dem Staate tritt durchgehends in der zweiten Periode
hervor: „König Agis macht den Vorschlag, man solle
die Athener von den Gegenden abschneiden, aus denen
sie zur See ihr Getreide beziehen und den Klearchos
nach Chalcedon und Byzanz entsenden. Sein Vorschlag
wird genehmigt und Klearch mit 15 von den verbündeten
Städten ausgerüsteten Schiffen nach Byzanz gesendet [1]).
Als, unmittelbar vor Beginn des peloponnesischen Krieges,
König Archidamos schon mit dem Heere an der attischen
Grenze stand, sandte er noch Gesandte nach Athen, um
die Athener zum Nachgeben zu bewegen und den grossen
Krieg zu verhindern und rückte auch dann, als sein Gesandter abgewiesen wurde, sehr langsam vor, trotzdem
das Heer darüber erzürnt war [2]). Mit den Plataern, die
er belagerte, unterhandelt er ganz selbständig, er macht
ihnen günstige Anerbietungen, wenn sie vom Bunde mit
Athen zurücktreten und gewährt ihnen einen Waffenstillstand, bis ihre Gesandten auch die Athener befragt
hatten [3]). König Agis unterhandelt selbständig mit den

---

1) Xen. Hell. I. 1. 35. — 2) Thuk. II. 12 u. 18. — 3) ibid.
II. 71—74.

Argivern und schliesst auf eigene Faust einen viermonatlichen Waffenstillstand ab und macht davon nur einem
von den beim Heere befindlichen Mitgliedern der τὰ τέλη
Mittheilung [1]). Der Feldherr Derkyllidas schloss mit dem
persischen Statthalter Pharnabazos einen Waffenstillstand
ab [2]) und verlängert ihm später denselben.

Dieselben Rechte üben aber auch die Ephoren, gestützt auf die τὰ τέλη, als Vertreter des Staates aus.
Nach dem Unglücke bei Pylos fasste die τὰ τέλη, die
ausnahmsweise damals zum Heere abgegangen war, den
Beschluss, mit dem athenischen Feldherrn einen Waffenstillstand abzuschliessen [3]). Der einjährige Waffenstillstand, der während des peloponnesischen Krieges zwischen
den kriegführenden Theilen im Jahre 423 zu Stande
kam, wurde durch Gesandte der Lakedaemonier und ihrer
Bundesgenossen zu Athen abgeschlossen [4]). Während
der Belagerung von Syrakus durch die Athener forderten
Gesandte der Korinther und Syrakusaner in Sparta, dass
sie den Krieg gegen Athen entschieden betreiben und
auch nach Syrakus Truppen schicken. Aber die Ephoren
und die in der τὰ τέλη hatten nur die Absicht, Gesandte
nach Syrakus zu senden, um zu verhindern, dass sie sich
mit den Athenern gütlich abfinden [5]).

Auch über das Schicksal der Besiegten konnte der
Feldherr selbständig entscheiden. Pausanias übt dieses
Recht den Thebanern gegenüber in ausgedehntem Mass-
stabe aus. Bald nach der Schlacht bei Plataeae beschlossen nach einer Berathung die Hellenen, gegen
Theben zu ziehen, das perserfreundlich war und die Stadt
zu belagern, bis die medisch gesinnte Partei ausgeliefert
werde. Nach einer kurzen Belagerung wurden die perser-
freundlichen Thebaner ausgeliefert. Sie glaubten zwar,
sie würden zur Vertheidigung zugelassen, besonders aber

---

1) ibid. V. 60. — 2) Xen. Hell III. 2. 1. — 3) Thuk. IV. 15. —
4) ibid. IV. 117—119. — 5) ibid. VI. 88.

hofften sie, sie werden mit Geld durchkommen. Allein sobald Pausanias sie in Empfang genommen hatte, löste er, weil er denselben Verdacht hegte, das gesammte Heer der Bundesgenossen auf und führte jene nach Korinth, wo er sie hinrichten liess. Eines der Häupter der medisch gesinnten Partei, Ataginos, entwich vor der Auslieferung aus Theben, weshalb die Thebaner dessen Söhne auslieferten. Diese aber sprach Pausanias von der Schuld frei, indem er erklärte, die Söhne haben keine Schuld am Bunde mit den Medern [1]). Eine von den Persern gefangene Griechin, die während der Schlacht bei Plataeae zu den Hellenen überlief, sandte Pausanias ihrem Wunsche gemäss nach Aegina [2]). König Kleomenes I. lockt die Argiver, die sich nach der Schlacht in den heiligen Hain des Argos geflüchtet hatten, unter dem Vorwande, er habe für einzelne das Lösegeld, nach einander aus dem Hain und lässt sie tödten. Als die Eingeschlossenen dies merkten und demnach keiner mehr auf den Ruf herauskam, liess er den Hain anzünden und die Argiver verbrennen [3]). Agesilaus hingegen lässt die Feinde, die sich nach der Schlacht bei Coronea in einen Tempel flüchteten, frei abziehen, wohin sie wollten [4]). König Agesipolis gewährte nach der Einnahme Mantinea's auf Bitten seines Vaters Pausanias den Häuptern der Gegenpartei, sechzig argeiisch Gesinnten, denen sonst die Hinrichtung gedroht hätte, freien Abzug aus der Stadt; jedoch über das Schicksal der Stadt entschieden die Lakedaemonier [5]). Der König Agis nahm im Kampfe mit Elis die Stadt Elis nur deshalb nicht ein, weil er nicht wollte [6]). Lysander hoffte mit Hülfe des Agesilaus die Zehnmänner, die oligarchischen Verfassungen, in den hellenischen Colonialstädten wieder einzusetzen, die von den Ephoren beseitigt worden waren [7]). Agesilaus ordnet die Verfassungen

---

1) Herod. IX. 87. 88. — 2) ibid. IX. 76. — 3) ibid. VI. 79. 80. — 4) Xen. Hell. IV. 3. 20. — 5) ibid. V. 2. 6. — 6) Xen. Hell. III. 2. 27. — 7) ibid. III. 4. 2.

in diesen Colonialstädten ganz selbständig [1]). Der Flottenanführer Callikratidas konnte, im Gegensatze zu früheren
Befehlshabern, erklären, so lange er den Oberbefehl führe,
solle, soweit seine Macht reiche, kein Hellene als Sklave
verkauft werden. Freilich scheint er die Athener nicht
als Hellenen betrachtet zu haben [2]) Lysander konnte in
gleicher Stellung in den von den Athenern abgefallenen
oder in den unterworfenen Colonialstädten selbständig
Einrichtungen treffen: er änderte, um die Herrschaft der
Lakedaemonier zu sichern, überall die Staatsverfassungen,
führte statt der Demokratien Oligarchien ein, indem er
an die Spitze der Staatswesen die sogenannten Zehnmänner stellte [3]). Er gestattete den athenischen Besatzungen in den Colonialstädten nach der Schlacht bei
Aegospotamoi freien Abzug, aber nur nach Athen [4]).

Hingegen wagt es der lakedaemonische Feldherr,
der 427 die Stadt Plataeae bezwang, nicht, wie Pausanias
gegenüber den Thebanern, selbständig die Entscheidung
zu fällen, sondern überliess dieselbe den Behörden in
Sparta. Er liess den Plataeern, als er sah, dass sie die
Stadt ohnehin nicht mehr vertheidigen konnten, melden,
„wenn sie ihre Stadt freiwillig den Lakedaemoniern übergeben wollten und diese als Richter anerkennen, so werde
er die Schuldigen zwar strafen, aber niemanden gegen
Recht und Gesetz". Der Feldherr bestrafte sie jedoch
nicht selbst, sondern es kamen die Richter aus Lakedaemon, fünf Männer, die nur formell den Vertrag
zwischen den Plataeern und dem Feldherrn einhielten,
indem sie keine Anklage gegen die Plataeer erhoben,
sondern nur an jeden die Frage stellten, ob er in diesem
Kriege den Lakedaemoniern und deren Bundesgenossen
irgendwie einen Dienst erwiesen habe, eine Frage, die

---

1) Plut. Agesil. c. 15. — 2) Xen. Hell. I. 6. 14. — 3) Xen.
Hell. II. 2. 5; II. 3. 7. III. 4. 2. (vgl. Diodor 14. 8; 14. 10; 14.
13); Plut. Lys. c. 13. c. 14. c. 19. c. 8. — 4) Xen. Hell. II. 2. 2.
Plut. Lys. c. 13.

voraussichtlich jeder verneinen musste. Es wurden demnach auch alle hingerichtet[1]).

Die Könige führen die vorbereitenden Unterhandlungen zu einem definitiven Frieden und konnten, wie Kriege beginnen, so vielleicht auch selbständig Frieden schliessen. Sie mussten jedoch letzteres Recht, wenn sie es je hatten, bald mit dem Verluste an Macht verlieren, da für einen dauerhaften Frieden, den doch die Gegner wollten, die Zusicherung eines im Frieden fast machtlosen Königs keine Garantie bot, die Gegner demnach selbst die Zustimmung mächtiger Behörden und der Volksversammlung forderten.

Wir haben gesehen, dass Pausanias niemandem die Entscheidung über die ausgelieferten Thebaner überlässt, sondern selbständig ihr Schicksal beschliesst. Es scheint auch, dass die Gegner der Ansicht waren, der König oder Feldherr könne selbständig Frieden schliessen. Jedenfalls aber hatten die Könige, wenn sie sich auch nicht mehr für befugt hielten, einen Frieden zu schliessen, doch während der ganzen zweiten Periode einen wichtigen Einfluss auf die Friedensbedingungen. Sie weisen angebotene Friedensbedingungen zurück, wenn sie günstigere zu erzwingen hoffen. Die Gegner wandten sich, wenn sie Friedensanträge machen wollten, nicht direkt nach Sparta, sondern an den Feldherrn, der sie nur dann nach Sparta schickt, wenn ihm die Anträge annehmbar erscheinen. Nur wenn sie den König zugleich als persönlichen Feind betrachten, verlangen sie mit Umgehung des Königs direkt nach Sparta geschickt zu werden. Dies zeigen uns folgende Quellenangaben.

Nachdem in Athen die demokratische Verfassung während des peloponnesischen Krieges gestürzt worden war, wollten die neuen Machthaber, die sogenannten Vierhundert, mit Agis einen Vertrag schliessen. Jedoch

---

1) Thuk. III. 52—68.

Agis gab ihnen keine versöhnliche Antwort, sondern verstärkte sein Heer und zog vor die Mauern Athens. Als er aber gar nichts ausrichtete, kehrte er wieder zurück; nun sandten die Vierhundert weitere Gesandtschaften an ihn und jetzt lieh er ihnen schon ein geneigteres Ohr und auf seine Aufforderung hin schickten sie Gesandte nach Lakedaemon wegen eines Vertrages [1]).

Als Thrasybulos den Hafen Piraeos mit den aus Athen Verbannten besetzte, um die Herrschaft der 30 Tyrannen zu stürzen, erlaubten die Lakedaemonier dem Lysander, ein Heer zu werben, um die im Piraeos zu Land und See zu belagern und liehen hiezu hundert Talente. Aber der spartanische König Pausanias führte, nachdem er die Ephoren gewonnen hatte, ein spartanisches Heer ins Feld. Er wollte sich mit Thrasybulos vergleichen und liess daher denselben heimlich auffordern, an ihn und die anwesenden Ephoren, die dem Gesetze gemäss sich beim Heere befanden, Gesandte zu schicken und gab ihnen an, was diese vorbringen sollten. Die beiden Ephoren neigten sich mehr der Ansicht des Pausanias als der des Lysander zu, der die Herrschaft der Dreissig wieder einsetzen wollte. Daher sandten sie auch bereitwillig eine Gesandtschaft von denen im Piraeos nach Lakedaemon; ebenso kamen Gesandte von der Stadt und den Zehnmännern in der Stadt. Nachdem nun die Ephoren und die Versammelten (ἔκκλητοι) sie alle angehört, sandten sie fünfzehn Männer nach Athen mit dem Auftrage, in Gemeinschaft mit Pausanias den Frieden so gut als möglich herzustellen. Sie schlossen ihn zu Gunsten des Thrasybulos und der Verbannten ab [2]).

Die Phliasier, welche die Oligarchen vertrieben hatten, wollten sich mit denselben nicht vergleichen, wie es Sparta wünschte; daher stellten die Ephoren ein Heer gegen Phlius ins Feld. Als Agesilaus, der das Heer an-

---

1) Thuk. VIII. 70. u. 71. — 2) Xen. Hell. II. 4. 29—38.

führte, gegen das Gebiet von Phlius zog, kamen ihm mehrere Gesandtschaften entgegen und boten ihm Geld an, damit er nicht einfalle. Agesilaus wies sie zurück. Endlich wollten sie sich zu allem verstehen, wenn er nur nicht in ihr Gebiet einfalle. Agesilaus forderte aber zuerst als Bürgschaft die Uebergabe ihrer Burg. Da sie darauf nicht eingingen, belagerte er die Stadt, obgleich viele Lakedaemonier meinten, man lade wegen der wenigen vertriebenen Aristokraten die Feindschaft einer verbündeten Stadt auf sich. Als in Phlius die Lebensmittel ausgingen, schickten die Belagerten an Agesilaus und baten um freies Geleite für eine nach Lakedaemon bestimmte Gesandtschaft; denn die Stadt habe beschlossen, sich der τὰ τέλη auf Gnade und Ungnade zu ergeben. Aufgebracht darüber, dass man ihn umgehen wollte, bewilligte Agesilaus zwar das freie Geleite, brachte es aber durch seine Freunde in Lakedaemon dahin, dass man die Entscheidung über Phlius ihm anheimstellte [1]).

Der persische Statthalter Tissaphernes und der lakonische Feldherr Derkyllidas stellten gegenseitig Friedensbedingungen auf, schlossen hierauf einen Waffenstillstand, bis die Verhandlungen von Derkyllidas nach Lakonien von Tissaphernes an den persischen König berichtet wären [2]).

Dem Agesilaus bot, als er den Kampf in Asien fortführte, ein Abgesandter des persischen Königs einen Frieden an. Agesilaus erwiderte, er könne ohne die Genehmigung der τὰ τέλη nicht darauf eingehen [3]).

Auch die Ephoren hatten, wenn der König die um Frieden bittenden Gesandten nach Sparta verwies, gleichfalls einen grossen Einfluss auf die Friedensbedingungen. Auch sie konnten Friedensbedingungen abweisen, wenn sie zu wenig günstig schienen. Ihr Einfluss ist theil-

---

1) Xen. Hell. V. 3. 10—17 u. 21—25. — 2) ibid. III. 2. 20. — 3) ibid. III. 4. 25. vgl. Plut. Ages. c. 22.

weise in den eben erwähnten Beispielen ersichtlich,
namentlich aber im folgenden:

Nach der unglücklichen Schlacht bei Aegospotamoi
wurde Athen zur Seeseite von Lysander, zur Landseite
von den Königen Agis und Pausanias eingeschlossen.
Als das Getreide in Athen bereits gänzlich mangelte,
schickten sie Gesandte an Agis mit dem Anerbieten, mit
Lakedaemon einen Vertrag und ein Bündniss zu schliessen,
wenn man ihnen den Piraeos und die langen Mauern
lasse. Agis verwies sie nach Lakedaemon, da er keine
Vollmacht dazu habe. Die Gesandten wurden demnach
nach Lakedaemon geschickt, kamen aber blos bis Sellasia
an der lakonischen Grenze; hier wurde ihnen von den
Ephoren, welche in Erfahrung gebracht hatten, dass sie
dieselben Vorschläge, die sie schon dem Agis gemacht,
wieder machen würden, bedeutet, auf der Stelle wieder
heimzukehren und falls sie den Frieden wünschten, mit
besseren Vorschlägen wieder zu kommen. Nun wurde
Theramenes zu Lysander gesandt, um in Erfahrung zu
bringen, weshalb die Lakedaemonier auf der Niederreissung
der Mauern bestehen. Er blieb drei Monate bei Lysander
und erklärte nach seiner Rückkehr nach Athen in der
Volksversammlung, Lysander habe ihn eine Zeit lang
hingehalten und dann nach Lakedaemon verwiesen, weil
die Antwort auf seine Anfragen nicht zu seinen Befugnissen, sondern zu denen der Ephoren gehöre. Hierauf wurde, da das Getreide schon gänzlich aufgezehrt
war, Theramenes mit neun anderen Männern zu Gesandten
nach Lakedaemon mit unumschränkten Vollmachten gewählt. Lysander aber benachrichtigte die Ephoren, er
habe dem Theramenes erklärt, ihnen stehe die Entscheidung über Krieg und Frieden zu. Als Theramenes und
die übrigen Gesandten in Sellasia waren, fragte man sie,
mit welchen Vorschlägen sie kommen? Sie antworteten,
mit unumschränkten Vollmachten. Jetzt erst liessen die
Ephoren sie vor sich. Nach ihrer Ankunft wurde eine

Versammlung abgehalten, in der besonders die Korinther
und Thebaner, aber auch sonst viele Hellenen dafür
stimmten, mit Athen keinen Frieden zu schliessen, sondern die Stadt zu zerstören. Allein die Lakedaemonier
weigerten sich und schlossen den Frieden [1].

Der Abschluss eines definitiven Friedens erfolgte immer,
wenigstens nach grösseren Kriegen, erst dann, nachdem die
Zustimmung der Volksversammlung, beziehungsweise auch
die der Bundesgenossen eingeholt war. Die Ephoren führten
die Verhandlungen mit den fremden Gesandten und die
τὰ τέλη formulirte die Friedensbedingungen [2]. Der sogenannte Friede des Nikias wurde erst abgeschlossen,
nachdem vorher die Mehrzahl der Bundesgenossen sich
auf einer Versammlung zu Sparta für den Frieden erklärt hatte [3]. Für alle war verbindlich, was die Mehrzahl der Bundesgenossen beschloss, wenn nicht von den
Göttern oder Heroen ein Verbot erlassen wurde [4]. Es
machte im Peloponnes viel böses Blut, dass in dem
zwischen Lakedaemon und Athen abgeschlossenen Waffen-
bunde die Erlaubniss zur Abänderung des Vertrages nicht
auf alle Bundesgenossen ausgedehnt wurde, sondern nur
auf Lakedaemon und Athen beschränkt blieb [5].

Der König konnte endlich den Feldzug beenden
und die Auflösung des Heeres anordnen, wann es ihm
zweckmässig schien. König Agis führte, als das Opfer
an der Grenze ungünstig war, das Heer, mit dem er
gegen Argos ziehen wollte, wieder zurück und entliess
es [6]. Kleomenes I. hingegen führte, als am Flusse Era-
sinos die Opfer ungünstig waren, das Heer nach Thyra,
opferte dem Meere und führte das Heer auf Fahrzeugen
nach Nauplia und begann von da seinen Kampf gegen
Argos [7]. Der Unterfeldherr Herippidas opferte den
ganzen Tag hindurch, bis er zuletzt Abends günstige

---

1) Xen. Hell. II. 2. 20. vgl Plut. Lys. c. 14. — 2) Plut.
Lys. c. 14. — 3) Thuk. V. 17. — 4) ibid. V. 30. — 5) ibid. V. 29. —
6) ibid. V. 54. 55. 116. — 7) Herod. VI. 76.

Zeichen für seine Unternehmung erhielt [1]). Der Oberbefehlshaber Derkyllidas opferte vor der Stadt Cebren,
die er stürmen wollte, vier Tage nacheinander, bis die
Opfer günstig wurden [2]), König Agis führte, als sowohl
während eines Zuges gegen Elis, wie eines gegen Attika,
ein Erdbeben eintrat, das Heer nach Hause [3]); König
Agesipolis hingegen betrachtete das Erdbeben als ein
günstiges Zeichen und setzte den Kampf gegen Argos
auch nach demselben noch fort [4]). Pausanias löste bald
nach der Schlacht bei Plataeae das Heer auf, weil er die
ausgelieferten Thebaner selbst bestrafen wollte [5]). Oft
führten die Könige schon nach einigen Verwüstungs-
zügen im feindlichen Gebiete [6]), oft ohne etwas oder
wenigstens etwas entscheidendes erreicht zu haben, während sie leicht noch den Kampf hätten fortsetzen können,
das Heer zurück und entlassen es [7]). Das Heer musste
gesetzlich dem Könige gehorchen, mochte es über den
Rückzug auch noch so ungehalten sein und gegen den
König die verschiedensten Anschuldigungen vorbringen [8]).

In besonderen Fällen entschied auch darüber der
Staat. Selbstverständlich in allen jenen, in denen vom
Staate ein Waffenstillstand oder Friede abgeschlossen
wurde, oder der Anführer bei der τὰ τέλη sich erkundigte,
ob er das Heer auflösen solle, oder nicht [9]).

Im allgemeinen sehen wir also im Kriege ein Coordinationsverhältniss zwischen dem Feldherrn und den
Vertretern des Staates in der zweiten Periode vorherrschend. Es hatte jeder Feldherr „die unumschränkte
Vollmacht, auf eigene Faust zu thun, was dem Staate
nützt"; es wurde der Feldherr durchaus nicht von Sparta

---

1) Xen. Hell. IV. 1. 22. — 2) Xen. Hell. III. 1. 17. — 3) ibid.
III. 2. 24. Thuk. III. 89. — 4) Xen. Hell. IV. 7. 4. — 5) Herod.
IX. 88. — 6) Xen. Hell. IV. 4. 19; V. 4. 18; 4. 41; 4. 55.
4. 59 u. s. w. — 7) Herod. VI. 80; Thuk. II. 21; V. 60; Xen.
Hell. III. 2. 29; V. 4. 16; 4. 59 u. s. w. — 8) Thuk. V. 60; Xen.
Hell. V. 4. 60; VI. 4. 5. — 9) Xen. Hell. VI. 4. 2.

aus gelenkt und commandirt. Nur in besonderen Fällen,
gewöhnlich, wenn besondere Gründe vorlagen, machte
der Staat von seiner Präponderanz Gebrauch und griff
in die strategischen Operationen ein, durch Befehle, die,
von ihm erlassen, befolgt werden mussten, Oft waren
es politische Erwägungen, die die τὰ τέλη zu solchem
Einschreiten bewogen, was gewiss nicht auffallend ist,
da einen gewissen Einfluss auf die Kriegsführung die
Leiter der auswärtigen Angelegenheiten immer haben
müssen. So bewogen nur politische Gründe, weil nämlich den Spartanern durch persisches Geld in Hellas selbst
Feinde erwuchsen, den Staat den König Agesilaus von
seinem Siegeslaufe in Asien zurückzurufen und den Befehl zu ertheilen, der Heimat zu Hülfe zu kommen [1]).
Ebenso gaben die Ephoren dem Samios, dem Oberbefehlshaber der peloponnesischen Flotte den Befehl, sich dem
Kyros, dem Bruder des persischen Königs Artaxerxes
zur Verfügung zu stellen, wenn dieser seiner bedürfe,
weil sie die Forderung des Kyros, seine im Kriege gegen
Athen geleisteten Dienste zu erwidern, für billig fanden [2]).
Ebenso bewogen sie politische Gründe, manchmal Verfügungen, welche Feldherren getroffen hatten, wieder
aufzuheben. So beseitigten die Ephoren die Zehnmänner-
Behörden, die Lysander in den hellenischen Colonialstädten eingesetzt hatte und stellten die altherkömmlichen
Verfassungen wieder her, wohl weil sich diese Oligarchien
in den demokratischen Städten bald sehr verhasst machten [3]).
Ebenso führten die Lakedaemonier die von Lysander aus
Sestos vertriebenen Einwohner wieder in die Stadt zurück, wohl weil ihnen dieses Verfahren allzu hart schien [4]).
Der Feldherr Brasidas liess, jedenfalls um zu verhindern,
dass die τὰ τέλη nachträglich seine Verfügungen rück-
gängig mache, diese Behörde, bevor er nach Thrakien

---

1) Xen. Hell. IV. 2. 12 (πόλις); Xen. Agesil. 1. 36 (τὰ τέλη);
Plut. Agesil. 15. 17 (ἔφοροι). — 2) Xen. Hell. III. 1. 1. — 3) ibid.
III. 4. 2. — 4) Plut. Lys. c. 14.

12*

zog, um die hellenischen Städte auf Chalkidike den
Athenern abwendig zu machen', die heiligsten Eide
schwören, dass die Bundesgenossen, die er gewinne, ihre
selbständige Verfassung behalten sollten [1]). Manchmal
griffen sie aber auch dann in die Kriegsführung ein, wenn
sie glaubten, dass die Operationen des Feldherrn nicht
vortheilhaft seien und machten wohl dabei auch Miss-
griffe. So sandten die Ephoren dem Dercillydas die
Weisung zu, er solle mit seinem Heere nach Karien
ziehen und dem Befehlshaber der Flotte Pharax, er solle
den Zug zur See begleiten, weil Gesandte der jonischen
Städte von Kleinasien in Sparta behaupteten, Tissaphernes
habe die Macht, die hellenischen Städte als unabhängig
anzuerkennen und würde ihnen die Unabhängigkeit am
schnellsten zugestehen, wenn man seinen Aufenthaltsort
Karien verheeren würde [1]). Ebenso gaben die Ephoren
dem Vorgänger des Dercyllidas, dem Feldherrn Thibron,
den Befehl, die Belagerung von Larissa aufzuheben und
nach Karien zu ziehen, weil sie glaubten, er werde Larissa nicht bezwingen können [3]). Auch während des
peloponnesischen Krieges schickten die Lakedaemonier
dem Flottenbefehlshaber Knemos nach dem unglücklichen
Seetreffen bei Antirhion den Befehl, ein zweites glück-
licheres Seetreffen zu veranstalten und nicht vor so
wenigen Schiffen die See zu räumen, weil sie glaubten,
dass Feigheit im Spiele gewesen sein müsse, ohne die
Manöverirfähigkeit der Athener und die eigene Uner-
fahrenheit im Seewesen in Rechnung zu ziehen [4]). Auch
Befehle disciplinarischer Art erliessen die Ephoren manchmal an das Heer. Die von der τὰ τέλη zu Derkyllidas
nach Asien gesandten Spartaner mussten im Namen der
Ephoren die Soldaten versammeln und ihnen erklären,
man missbillige ihr früheres Benehmen, nämlich die

---

1) Thuk. IV. 86. 88. — 2) Xen. Hell. III. 2. 12. — 3) ibid.
III. 1. 7. — 4) Thuk. II. 85.

Plünderungen auf dem Gebiete der Bundesgenossen, er-
kenne dagegen an, dass sie sich jetzt nichts zu Schulden
kommen lassen; auch in Zukunft werde man ihnen keine
Ausschweifungen nachsehen, wohl aber sie loben, wenn
sie sich gegen die Bundesgenossen wie recht und billig
benehmen [1]). Der Besatzung von Dekelea sollen sie das
Spazierengehen verboten haben [2]). Disciplinarbefehle
mögen von den Ephoren selbständig, ohne Zustimmung
der τὰ τέλη, erlassen worden sein, da eben diese Aufsicht zu ihren ursprünglichen Befugnissen gehörte.

Die Ephoren waren wenigstens theilweise befähigt,
in die Kriegsführung von Sparta aus einzugreifen, weil
sie ziemlich genau über die Verhältnisse im Heere unterrichtet waren. Bei jedem spartanischen vom Könige be-
fehligten Heere waren von alters her zwei Ephoren, die
selbst in der späteren Zeit nur eine gewisse Aufsicht zu
führen hatten und bei ihrer Stellung und ihrem Ansehen
dieselbe auch auf den König ausdehnen konnten. „Sie
haben", heisst es noch im Staate der Lakedaemonier, „keine
Geschäfte im Heere, wenn nicht der König sie ruft. Sie
sehen nur zu, was jeder thut und machen, wie natürlich,
alle bescheiden [3])". Auch andere Mitglieder der τὰ τέλη
scheinen das Heer begleitet zu haben [4]) An von Spartiaten befehligte Heere sendet manchmal die τὰ τέλη
Abgesandte, die sich überzeugen sollten, wie die Verhältnisse seien [5]). Ausnahmsweise ging nach dem Unglücke bei Pylos sogar die ganze τὰ τέλη zum Heere ab,
um sich persönlich von der Lage der Dinge zu überzeugen [6]). Die Feldherren selbst senden an die τὰ τέλη
Berichte und erbitten sich manchmal Verhaltungsmassregeln [7]). Selbst Unterfeldherren senden Berichte über
das Verhalten ihrer Oberfeldherren an die Ephoren [8]).

---

1) Xen. Hell. III. 2. 6. — 2) Aelian v. h. 2. 5. — 3) Xen.
de rep. Lac. 13. 5. — 4) Thuk. V. 60. Xen. Hell. III. 5. 23. —
5) Xen. Hell. III. 2. 6. — 6) Thuk. IV. 15. — 7) χen. Auab. 7.
1. 34. — 8) Thuk. VIII. 38.

Die wirksamste Beschränkung der Könige und Feldherren lag nicht in dem direkten Eingreifen der Ephoren in die Kriegsführung, sondern in der Verantwortlichkeit derselben für jede Unternehmung.

Wie schon erwähnt, wurden beinahe alle Könige des fünften Jahrhunderts nach einem Feldzuge vor Gericht gefordert, theils wegen wirklicher oder angeblicher Bestechung, theils wegen Unfähigkeit zum Tode oder einer sehr hohen Geldstrafe verurtheilt. Ein ähnliches Schicksal hatten manche Feldherrn. Thibron wurde verbannt, weil er das Heer in Freundesland plündern liess[1]). Klearchos wurde von der τὰ τέλη zum Tode verurtheilt, weil er dem Befehle der Ephoren, nach Sparta zurückzukehren, nicht gehorchte[2]). Phoebidas wurde wegen der Besetzung der Burg von Theben des Commando's entsetzt und vielleicht auch zu einer Geldstrafe verurtheilt[3]). Der Harmost, der die Cadmea räumte, als Theben wieder von den Demokraten gewonnen wurde, wurde zum Tode verurtheilt[4]). Der Harmost Sphodrias wurde wegen seines Einfalles in Attika von den Ephoren zurückberufen und auf Leben und Tod angeklagt[5]).

Durch diese unbedingte Verantwortlichkeit ward dem Unternehmungsgeiste des Feldherrn ein Zügel angelegt; es war je nach dem Erfolge oder der Art der Unternehmung oft geradezu bedenklich, ein Unternehmen ohne vorherige Einwilligung der τὰ τέλη auszuführen[6]). Es ist demnach auch erklärlich, dass Feldherren oft nicht selbständig handelten, sondern namentlich in zweifelhaften Fällen sich Verhaltungsmassregeln von den Ephoren erbaten. So frug, wie erwähnt, Cleombrotos bei der τὰ τέλη an, ob er das Heer auflösen oder gegen Theben führen solle[7]).

---

1) Xen. Hell. III. 1. 8. — 2) Xen. Anab. 2. 6. 4. — 3) Plut. Pelop. 6. — 4) Xen. Hell. V. 4. 13. Plut. Pelop. 13. — 5) Xen. Hell. V. 4. 24. Plut. Ages. 24. — 6) Thuk. V. 60. Xen. Hell. V. 2. 32; 4. 24; VI. 1. 5. u. s. w. — 7) Xen. Hell. VI. 4. 2.

Ebenso König Agesilaus in Aegypten, ob er den
Tachos oder Nektanabis unterstützen solle[1]). Der Befehlshaber Eteonicos erlaubte den Aegineten erst nach
eingeholter Genehmigung der Ephoren im attischen Gebiete zu plündern[2]).

Nach diesen Erörterungen hatte also der König
noch in der zweiten Periode im Kriege ausgedehnte
Rechte, viel bedeutendere, als einem Feldherrn der Gegenwart eingeräumt sind, überhaupt die unumschränkte
Königsherrschaft. Jedoch auch die Ephoren hatten, gestützt auf die τὰ τέλη. viele Rechte im Kriege, die mit
denen der Könige collidirten und sich auf das Recht der
Leitung der auswärtigen Angelegenheiten und der
obersten Aufsicht zurückführen lassen. Könige und
Ephoren üben die Rechte oft neben einander aus und
verständigen sich nur gegenseitig von den getroffenen
Massregeln. Namentlich die Aufsicht befähigte sie, alle
Befugnisse der Könige im Kriege, ausgenommen die
priesterlichen und rein taktischen, sich gleichfalls
anzueignen und die Souvaerenität des Königs im
Kriege zu beschränken. Es ist jedoch — wenn wir von
der durch die Verhältnisse unbedingt gebotenen Zurück-
berufung des Königs Agesilaus aus Asien absehen —
nur ein Beispiel einer solchen Beschränkung bekannt,
nämlich die des Agis durch Rathgeber, die jedoch Agis
noch als eine Gnade betrachten musste. Wenig scheute
man sich, andere Feldherren einzuschränken. Der König
hatte jedoch nach dem Kriege seine Unternehmungen
zu verantworten, falls er angeklagt wurde. Um sich vor
der Verurtheilung im vorhinein zu schützen, holte manchmal der König vor einer Unternehmung die Zustimmung
der τὰ τέλη ein und verzichtete somit im gegebenen Falle
auf sein Recht, selbständig vorzugehen. In diesen Punkten
liegen ohne Zweifel die Keime zur weitern Entwicklung

---

1) Plut. Agesil. c. 37. — 2) Xen. Hell. V. 1. 1.

der Ephorenmacht, zum Verluste aller königlichen Rechte im Kriege.

Es lässt sich diese Entwicklung, die der dritten Periode angehört, in den Einzelnheiten nicht genau verfolgen; sie scheint sich jedoch wahrscheinlich in Folge der veränderten sozialen Verhältnisse in Sparta rasch vollzogen zu haben. Der Verfasser „des Staates der Lakedaemonier“ stellt den König im Kriege als machtlos dar: „Das Verabschieden von Gesandtschaften, sowohl von Freunden als Feinden, dies ist Sache des Königs; so oft etwas vorgenommen werden soll, wird immer vom Könige der Anfang gemacht. Kommt aber jemand und fordert eine rechtliche Untersuchung, den schickt der König zu den Hellenodiken; in Geldsachen zum Schatzmeister; bringt er Beute, zu den Beutehändlern. Da alles so geht, so bleibt dem König beim Heere kein Geschäft übrig, als dass er Priester in göttlichen Angelegenheiten und Heerführer der Menschen ist [1]“. Den Ephoren hingegen schreibt er das Recht zu, „selbst Oberbefehlshaber abzusetzen, sie einzukerkern und peinliches Gericht über sie halten zu lassen [2]“; es sind dies Rechte, die hier die Ephoren selbständig, in der zweiten Periode aber nur als Ausführer eines Beschlusses der τὰ τέλη ausübten. Auch nach den Biographien der Könige Agis III. und Kleomenes III. ist der König im Heere machtlos, nur Anführer des Heeres, Anordner der taktischen Bewegungen, die Ephoren hingegen sind allmächtig und commandiren von Sparta aus den Feldherrn. Aratos, der Oberbefehlshaber des achaeischen Bundes, schrieb an die Ephoren und ersuchte um Hülfe gegen die Aetolier. Die Ephoren schickten unverzüglich den König Agis mit dem Herre ab [3]. Als unter dem König Kleomenes III. Aratos die Arkadier belästigte, „schickten

---

1) Xen. de rep. Lac. 13. 19 u. 11. — 2) ibid. VIII. 4. — 3) Plut. Agis c. 13 u. 14.

die Ephoren den König zuerst ab, um den Tempel der
Athene bei Belbina, einem Pass nach Lakonien, zu besetzen". „Bald darauf erhielt Kleomenes, der in Arcadien lagerte, von den Ephoren, die sich vor dem Kriege
fürchteten, den Befehl zum Rückzug. Er zog sich wirklich zurück; als aber nun Aratos Kaphyae wegnahm,
liess man den Kleomenes abermals ausrücken." „Nach
der Einnahme von Mantinea durch Aratos sank den
Spartanern der Muth und sie legten dem Kleomenes
wegen weiterer Feldzüge Hindernisse in den Weg. Er
wollte deshalb die Macht der Ephoren schwächen durch
die Vervollständigung des Königthums, indem er den
Archidamos, den zunächst berechtigten Thronerben von
der andern Linie, als zweiten König einsetzen wollte".
„Später bewog er die Ephoren durch Bestechung, dass
sie den Achaeern den Krieg erklärten". „Er glaubte,
dass er, sobald er nach eigenem Belieben in dem
Kampfe gegen die Achaeer schalten und walten dürfe,
ohne Schwierigkeit den Sieg davontragen würde. Daher
sucht er vor allem die Ephoren zu beseitigen". „Die
Ephoren scheinen häufig durch Meldungen von Seite des
Kleomenes über die Kriegsführung unterrichtet worden
zu sein [1]". Als ein weiteres Zeugniss der Macht der
Ephoren in der dritten Periode darf man jedenfalls auch
die Erscheinung betrachten, dass Schriftsteller dieser
Periode und der spätern Zeit, welche Plutarch und Diodor
benützten, wenn sie über Ereignisse der zweiten Periode
berichten und hierbei auf den uns bekannten drei grossen
Geschichtsschreibern fussen, bei manchen Ereignissen eine
grössere Macht den Ephoren zuschreiben, als die gleichzeitigen Quellenschriftsteller.

Meine Ansicht über die Entstehung und Entwicklung des Ephorats ist demnach kurzgefasst folgende:
Der König Theopomp setzte die Ephoren zuerst ein und

---

[1] Plut. Cleom. c. 4—8.

übertrug ihnen die Civilgerichtsbarkeit und polizeiliche Aufsicht. Durch ein Gesetz wurde ihnen ungefähr in der ersten Hälfte des 6. Jahrhunderts die Regierung in der Zeit, in der die Könige uneinig waren, übertragen. Dadurch wurden die Könige im Frieden bis ungefähr zum Jahre 488 zeitweise, hierauf dauernd machtlos und die Ephoren, gestützt auf die τὰ τέλη oder die Volksversammlung, die eigentlichen Herrscher. Erst nach dem Jahre 362 wurden die Könige auch im Kriege machtlos, so dass nun das Königthum zur erblichen Hohepriester- und erblichen Oberbefehlshaber - Stelle herabsank, das Ephorat hingegen zur förmlichen Dictatur wurde. Die Macht, die die Könige manchmal auch nach 488 im Frieden besitzen, ist nicht eine Folge ihrer königlichen Gewalt, sondern ihres Einflusses auf politisch mächtige Parteien und in der letztern Zeit auch ihres Reichthums.

Abänderungen.

S. 100, Z. 15 statt: Wahrscheinlich entstand es erst nach dem zweiten messenischen Kriege, da Tyrtaeus die Ephoren noch nicht erwähnt und vor der Regierung der Könige Anaxandridas u. s. w.

lies: Jedenfalls entstand es vor der Regierung der Könige Anaxandridas u. s. w.

S. 100, Z. 20 statt: In diese Zwischenzeit

lies: In die erste Hälfte des 6. Jahrhunderts.

Inhaltsübersicht.